KB066659

2020년 사회복지사 1급 대비 수험서
smart
사회복지실천론

2020년 사회복지사 1급 대비 수험서

smart
사회복지
실천론

김한덕 편저

사회복지사 1급!
합격의 길로
동영상 강의와 함께하는
12일 완성
Key Point!!

에듀파인더
[edufinder.kr]

2020년 사회복지사 1급 대비 수험서

smart
사회복지 실천론

초판 인쇄　2019년 10월 20일
초판 발행　2019년 10월 25일

편저자　　김한덕
발행인　　권윤삼
발행처　　(주) 연암사

등록번호　제16-1283호
주소　　　서울특별시 마포구 양화로 156, 1609호
전화　　　(02)3142-7594
FAX　　　(02)3142-9784

값은 뒤표지에 있습니다. 잘못된 책은 바꾸어 드립니다.

ISBN 979-11-5558-055-4　14330
　　　979-11-5558-051-6　 (전8권)

이 책의 모든 법적 권리는 저자와 도서출판 연암사에 있습니다.
저작권법에 의해 보호받는 저작물이므로 본사의 허락 없이 무단 전재, 복제, 전자출판 등을 금합니다.

연암사의 책은 독자가 만듭니다.
독자 여러분들의 소중한 의견을 기다립니다.
트위터　@yeonamsa
이메일　yeonamsa@gmail.com

이 도서의 국립중앙도서관 출판시도서목록(CIP)은 서지정보유통지원시스템 홈페이지(http://seoji.nl.go.kr)와
국가자료공동목록시스템(http://www.nl.go.kr/kolisnet)에서 이용하실 수 있습니다.
(CIP제어번호: CIP2019037214)

머리말

저출산과 초고령사회로 치닫고 있는 지금, 우리나라도 다양하고 복잡한 사회문제들이 발생하고 있습니다. 특히, 1997년 말 IMF 외환위기 이후 선진국과의 무한경쟁을 위한 기업의 구조조정 과정에서 발생한 대량실업과 고용불안, 가족해체, 고착화되고 있는 저출산과 세계에서 가장 빠른 속도로 진행되고 있는 인구의 고령화 등에 따른 사회적 변화는 새로운 복지패러다임을 요구하고 있습니다. 20여년의 공직생활을 마치고 사회복지현장과 학교에서 사회복지를 20여년 가르치면서 가졌던 생각은 '사회복지를 통해 행복한 삶을 어떻게 추구할 수 있을까' 였습니다.

최근에 부각되고 있는 아동 · 노인 · 장애인 · 여성 · 한부모가족 · 다문화가족의 문제 해결, 독거노인 · 빈곤층 대책과 복지사각지대의 근절, 그리고 보다 질 높은 복지서비스를 요구하는 국민들의 요구에 부응하기 위하여 사회복지사의 역할과 책임은 매우 중요하다고 하겠습니다.

이에 본서에서는 사회복지실천의 3대 구성요소인 사회복지의 가치(70%), 지식(20%), 기술(10%)을 배우는 실천과목에 대한 1급 기출문제를 분석하면서 실천현장에서 사회복지전문가에게 꼭 필요하고 중요한 내용만을 정리하였습니다.

선발시험과 달리 자격시험은 선택과 집중이 중요합니다. 어려운 1~2과목은 과락이 되지 않도록 기출문제 중심으로 정리하고, 자신 있는 2~3개 과목은 고득점(80점)할 수 있도록 집중하면 합격(60점)은 무난히 할 수 있습니다.

「이번에 1급 시험에 꼭 합격하여 훌륭한 사회복지사가 되겠다」는 각오로 시험에 임한다면, 틀림없이 꿈이 이루어지리라 믿습니다.

〈본 교재의 구성과 특징〉

- 수험생들이 전체적인 맥락에서 교과를 정리할 수 있도록 구성하였으며, 요점을 정리하였다.
- 2019년 8월말 현재까지 제정 및 개정된 법령을 반영하였으며, 최근 출제경향을 파악할 수 있도록 최근 기출문제를 수록하여 최신의 정보를 적극 반영하였다.
- 매단원마다 출제빈도가 높았던 부분을 표시(★)하고, 혼동되거나 틀리기 쉬운 부분도 밑줄로 표시(___)하여 최종정리 시 도움이 되도록 하였다.
- 혼자 학습하거나 공부시간이 절대적으로 부족한 수험생들이 효율적으로 정리할 수 있도록 분량을 최소화하도록 하였다.

[사회복지사 1급 자격제도 안내]

◆ 사회복지사

- 사회복지사 1급은 사회복지학 전공자, 일정한 교육과정 이수자, 사회복지사업 경력자로서 국가시험에 합격하여 보건복지부장관의 자격증을 받은 자를 말한다.
- 사회보장급여의 이용 · 제공 및 수급권자 발굴에 관한 법률 제43조는 사회복지사업에 관한 업무를 담당하게 하기 위하여 시 · 도, 시 · 군 · 구 및 읍 · 면 · 동 등에 사회복지사 자격증을 가진 사회복지전담공무원을 두도록 규정하고 있다.
- 사회복지사는 사회복지 프로그램을 개발 · 운영하고 시설거주자의 생활지도를 하며 청소년, 노인, 여성, 장애인 등 복지대상자에 대한 보호 · 상담 · 후원업무를 담당한다.

◆ 사회복지사 자격의 특징

사회복지사의 자격증은 현재 1, 2급으로 나누어지며, 1급의 경우 일정한 학력과 경력을 요구하고 또한 국가시험을 합격하여야 자격증이 발급된다. 2급의 경우 일정학점의 수업이수와 현장실습 등의 요건만 충족되면 무시험으로 자격증을 취득할 수 있다.

◆ 1급 시험 응시자격

〈대학원 졸업자〉

① 고등교육법에 따른 대학원에서 사회복지학 또는 사회사업학을 전공하고 석사학위 또는 박사학위를 취득한 자

② 다만, 대학에서 사회복지학 또는 사회사업학을 전공하지 아니하고 동 석사학위를 취득한 자는 보건복지부령이 정하는 사회복지학 전공교과목과 사회복지관련 교과목 중 사회복지 현장실습을 포함한 필수과목 6과목 이상(대학에서 이수한 교과목을 포함하되, 대학원에서 4과목이상을 이수하여야 한다), 선택과목 2과목 이상을 각각 이수하여야 한다.

〈대학 졸업자〉

① 고등교육법에 따른 대학에서 보건복지부령이 정하는 사회복지학 전공교과목과 사회복지 관련 교과목을 이수하고 학사학위를 취득한 자

② 법령에서 고등교육법에 따른 대학을 졸업한 자와 동등 이상의 학력이 있다고 인정하는 자로서 보건복지부령으로 정하는 사회복지학 전공교과목과 사회복지관련 교과목을 이수한 자

〈외국대학(원) 졸업자〉

외국의 대학 또는 대학원(단, 보건복지부장관이 인정한 대학 또는 대학원)에서 사회복지학 또는 사회사업학을 전공하고 학사학위 이상을 취득한 자로서 대학원 졸업자와 대학졸업자의 자격과 동등하다고 보건복지부장관이 인정하는 자

〈전문대학 졸업자〉

① 고등교육법에 의한 전문대학에서 보건복지부령이 정하는 사회복지학 전공교과목과 사회복지관련 교과목을 이수하고 졸업한 자로서 시험일 기준 1년 이상 사회복지사업의 실무경험이 있는 자

② 법령에서 고등교육법에 따른 전문대학을 졸업한 자와 동등 이상의 학력이 있다고 인정하는 자로서 보건복지부령이 정하는 사회복지학 전공교과목과 사회복지

관련 교과목을 이수한 자로서 시험일 기준 1년 이상 사회복지사업의 실무경험이 있는 자

〈사회복지사 양성교육과정 수료자〉
① 고등교육법에 따른 대학을 졸업하거나 이와 동등이상의 학력이 있는 자로서, 보건복지부장관이 지정하는 교육훈련기관에서 12주 이상의 사회복지사업에 관한 교육훈련을 이수한 자로서 시험일 기준 1년 이상 사회복지사업의 실무경험이 있는 자
② 사회복지사 3급 자격증 소지자로서 시험일을 기준으로 3년 이상 사회복지사업의 실무경험이 있는 자

◆ 응시 결격사유
금치산자 또는 한정치산자, 금고 이상의 형을 선고받고 그 집행이 끝나지 아니하였거나 그 집행을 받지 아니하기로 확정되지 아니한 사람, 법원의 판결에 따라 자격이 상실되거나 정지된 사람, 마약 · 대마 또는 향정신성의약품의 중독자는 응시할 수 없다.

◆ 시험방법

시험과목 수	문제 수	배점	총점	문제형식
3과목(8영역)	200문항	1점/1문제	200점	객관식 5지 선택형

◆ 시험과목

구분	시험과목	시험영역	시험시간
1교시	사회복지기초(50문항)	• 인간행동과 사회환경(25문항) • 사회복지조사론(25문항)	50분
2교시	사회복지실천(75문항)	• 사회복지실천론(25문항) • 사회복지실천기술론(25문항) • 지역사회복지론(25문항)	75분
3교시	사회복지정책과 제도(75문항)	• 사회복지정책론(25문항) • 사회복지행정론(25문항) • 사회복지법제론(25문항)	75분

◆ 합격 기준

① 매 과목 40점 이상, 전 과목 총점의 60% 이상을 득점한 자를 합격 예정자로 결정하며, 합격 예정자에 대해서는 한국사회복지사협회에서 응시자격 서류심사를 실시하며, 심사결과 부적격자이거나 응시자격서류를 정해진 기한 내에 제출하지 않은 경우에는 합격예정을 취소한다.

② 필기시험에 합격하고 응시자격 서류심사에 통과한 자를 최종합격자로 발표한다.

◆ 사회복지사 자격활용정보

• 사회복지사 1급 자격증 소지자는 시·도, 시·군·구, 읍·면·동 또는 사회복지 전담기구에 사회복지전담공무원으로 일할 수 있다. 또한 지역복지, 아동복지, 노인복지, 장애인복지, 모자복지 등의 민간 사회복지기관에 취업할 수 있다. 이 외에도 학교, 법무부 산하 교정시설, 군대, 기업체 등에서 사회복지사로 활동할 수 있으며 자원봉사활동관리 전문가로 활동할 수도 있다.

• 사회복지사 1급 자격증 소지자는 의료사회복지 또는 정신보건 분야에서 일정한 경력을 쌓으면 시험을 통해 의료사회복지사나 정신보건사회복지사 자격을 취득하여 해당분야의 전문사회복지사로 활동할 수 있다.

◆ 사회복지사 1급 자격증 관계도

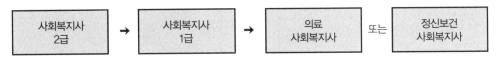

• 의료사회복지사

사회복지사 1급 자격소지자는 의료사회복지 실무경력 1년 이상, 또는 의료사회복지 연구 및 교육에 1년 이상의 경력을 가지고 있는 경우 의료사회복지사 자격시험에 응시할 수 있다.

• 정신보건사회복지사

① 사회복지사 1급 자격소지자는 보건복지부장관이 지정한 전문요원 수련기관에서 1년 이상 수련을 마치면 정신보건사회복지사 2급 자격증을 취득할 수 있다.

② 2급 정신보건사회복지사 자격 취득 후 정신보건시설, 보건소 또는 국가나 지방자치단체로부터 지역사회정신보건사업을 위탁받은 기관이나 단체에서 5년 이상 정신보건 분야의 임상실무경험을 쌓으면 정신보건사회복지사 1급 자격증을 취득할 수 있다.

• 사회복지사 2급

사회복지사 2급 자격소지자는 1년간의 실무경력을 갖추면 사회복지사 1급 자격시험에 응시할 수 있다.

시험시행 관련 문의

• 한국산업인력공단 HRD 고객센터: 1644-8000
• 한국사회복지사협회: 02) 786-0845

차 례

머리말 **5**

제1장 / 사회복지실천의 개념 ━━━━━━━

1. 사회복지실천의 개념 19
1) 사회복지의 학문 | 2) 사회복지와 사회복지실천 | 3) 사회복지실천 방법의 분류

2. 사회복지 실천의 정의 22
1) 사회복지실천의 정의

3. 사회복지 실천의 목적 23
1) 사회복지실천의 목적

4. 사회복지실천의 기능 24
1) 사회복지 실천의 기능

5. 사회복지실천의 이념과 철학 25
1) 이념과 철학적 배경

〈 출제경향 파악 〉 **27**

제2장 / 사회복지실천의 가치와 윤리 ━━━━━━

1. 사회복지실천의 가치 29
1) 가치의 개념(믿음, 신념) | 2) 가치의 분류 | 3) 차원에 따른 가치분류 | 4) 사회복지전문직의 가치 (Levy)

2. 사회복지전문직의 가치와 윤리 32
1) 가치와 윤리 | 2) 사회복지사의 기본적 윤리기준 | 3) 사회복지사의 클라이언트에 대한 윤리기준 | 4) 사회복지사의 동료에 대한 윤리기준 | 5) 사회복지사의 사회에 대한 윤리기준 | 6) 사회복지사의 기관에 대한 윤리기준 | 7) 사회복지윤리위원회 구성과 운영

3. 사회복지실천과 가치갈등 35

4. 사회복지실천의 윤리적 쟁점들 36
1) 클라이언트의 자기결정권 | 2) 클라이언트의 비밀보장 | 3) 진실을 말할 의무 | 4) 기타 윤리적 갈등

및 쟁점

5. 윤리적 갈등의 조정(로웬버그와 돌고프) 38

〈 출제경향 파악 〉 **39**

제3장 / 사회복지실천의 역사(1)

1. 서구의 사회복지실천의 역사적 발달과정 41

1) 전문적 사회복지실천 태동기(19세기 중반~20세기 초) | 2) 사회복지실천 전문직 확립기(1900 전후 ~1920년대 전후) | 3) 전문직 분화기(1920년 전후~1950년 전후) – 진단주의, 기능주의 대두

〈 출제경향 파악 〉 **48**

제4장 / 사회복지실천의 역사(2)

1. 서구의 사회복지실천의 역사적 발달과정 49

1) 사회복지실천 방법 통합기(1950년 전후~1960년 전후) – 부분 통합기 | 2) 발전기, 확장기(1960년 대~1980년대) – 확대 통합기, 다양화 | 3) 통합 확장기(1980년 이후~현재)

2. 한국 사회복지실천의 역사 52

1) 초기의 한국 사회복지실천 | 2) 사회복지실천의 영역별 | 3) 사회복지사 자격제도 | 4) 한국 사회복지와 외원단체

〈 출제경향 파악 〉 **58**

제5장 / 사회복지실천현장에 대한 이해

1. 사회복지실천의 현장 59

1) 사회복지실천현장의 개념 | 2) 사회복지실천현장의 분류 | 3) 우리나라 사회복지실천현장과 인력

2. 사회복지사의 역할 62

1) 사회복지사의 역할(밀리와 동료 등)

〈 출제경향 파악 〉 **66**

제6장 / 사회복지실천 대상과 문제 ━━━━━━━━

1. casework(개별사회사업) 67
1) casework의 등장배경 | 2) Casework의 정의

2. 개인 대상 사회복지실천 68
1) 등장배경 | 2) 특징

3. 집단(체계)과 문제 69
1) 집단의 정의 | 2) 집단의 유형

〈 출제경향 파악 〉 75

제7장 / 가족(체계)과 문제(1) ━━━━━━━━

1. 가족의 개념 77
1) 가족개념의 다양성 | 2) 가족의 기능

2. 가족체계의 정의와 특징 78
1) 가족체계의 정의와 특징

3. 가족체계의 주요 개념 79
1) 하위체계(subsystem) | 2) 가족향상성 | 3) 순환적 인과성(순환적 인과관계) | 4) 환류고리(feedback loop) | 5) 가족규범(가족규칙) | 6) 경계

〈 출제경향 파악 〉 84

제8장 / 가족(체계)과 문제(2) ━━━━━━━━

1. 개방체계와 폐쇄체계 85
1) 개방체계(open system) | 2) 폐쇄체계(closed system) | 3) 가족 외부와의 경계로 구분한 가족 유형 | 4) 가족구성원 간의 경계로 구분한 가족 유형

2. 가족문제와 관련된 주요 개념 88
1) 구조 및 기능과 관련된 개념 | 2) 의사소통과 관련된 개념

〈 출제경향 파악 〉 91

제9장 / 통합적 관점(1) ━━━━━━━━━━━━━━━━━━

1. 통합적 접근의 개념 93
1) 사회복지실천의 통합적 접근 | 2) 통합적 접근의 등장배경 | 3) 전통적 방법론의 한계와 통합화를 시도하려는 노력들 | 4) 사회복지실천과 통합적 방법론

2. 통합적 접근의 주요 이론 및 관점 96
1) '환경 속의 인간' 관점

〈 출제경향 파악 〉 99

제10장 / 통합적 관점(2) ━━━━━━━━━━━━━━━━━

1. 통합적 접근의 주요 이론 및 관점 101
1) 일반체계 이론(general system)

2. 체계의 개념과 기본적 속성 102
1) 개념 | 2) 체계의 기본적 속성

3. 주요 개념 102

4. 체계의 구분 107

5. 일반체계이론에 대한 평가 107
1) 일반체계이론이 사회복지실천에 공헌한 내용 | 2) 일반체계이론을 사회복지 분야에 통합하는데 있어서의 어려움 및 한계

〈 출제경향 파악 〉 108

제11장 / 통합적 관점(3) ━━━━━━━━━━━━━━━━━

1. 통합적 접근의 주요 이론 및 관점 109
1) 사회체계이론(social system theory) | 2) 생태체계관점 | 3) 생태적 체계의 구성 | 4) 생태체계관점의 특징 | 5) 생태체계관점의 기본과정 | 6) 생태체계관점의 주요 개념 | 7) 강점관점과 역량강화모델

〈 출제경향 파악 〉 117

제12장 / 통합적 관점(4)

1. 4체계 모델과 6체계 모델 119
1) 4체계 모델 | 2) 6체계모델

2. 문제 해결 모델, 생활모델, 단일화모델 121
1) 문제해결모델 | 2) 생활모델(life model) | 3) 단일화모델(unitary model)

〈 출제경향 파악 〉 **128**

제13장 / 관계형성

1. 관계형성의 중요성 129
1) 관계(펄만) | 2) 사회복지실천에서 관계의 특징: 전문적 관계

2. 원조관계형성의 구성요소 130
1) 전문적 관계형성의 요소 | 2) 관계형성의 원칙

〈 출제경향 파악 〉 **136**

제14장 / 관계형성의 장애요인

1. 관계형성의 장애요인 139
1) 사회복지사에 대한 클라이언트의 불신 | 2) 전이 | 3) 역전이 | 4) 저항 | 5) 미숙하거나 부적절한 사회복지사의 태도 | 6) 변화에 대한 반대 다루기 | 7) 긍정적인 해석 | 8) 성장의 기회로 문제 재규명 | 9) 직면하기 | 10) 사회복지실천 활동 점검하기

〈 출제경향 파악 〉 **145**

제15장 / 면접의 방법과 기술

1. 면접의 목적 147
1) 면접의 개념 | 2) 사회복지면접의 특징 | 3) 면접의 목적: 이해와 원조 | 4) 면접의 유형 | 5) 목적에 따라 사회복지실천의 면접

2. 면접의 기술 151
1) 관찰 | 2) 경청 | 3) 질문 | 4) 기타 면접기술 | 5) 면접의 기록

〈 출제경향 파악 〉 **156**

제16장 / 사회복지실천과정(1)(접수 – 자료수집)

1. 접수과정 157
1) 접수(intake)의 개념 | 2) 접수단계의 과제 | 3) 접수양식과 접수내용

2. 자료수집단계 159
1) 자료수집단계

3. 사정과정 161
1) 사정의 개념과 특성 | 2) 사정단계의 과제 | 3) 사정의 내용: 사정을 통해 알고자 하는 내용 | 4) 정보의 출처 | 5) 사정의 목표 | 6) 사정의 초점

〈 출제경향 파악 〉 **167**

제17장 / 사회복지실천과정(2)(사정도구)

1. 개인대상 169
1) 개인의 사회지지체계를 위한 사정도구

2. 가족대상 170
1) 가족사정의 사정도구

3. 집단대상 174
1) 집단대상 사정도구

〈 출제경향 파악 〉 **177**

제18장 / 계획수립, 계약, 개입단계

1. 계획 179
1) 계획수립과정 | 2) 개입목표 설정과정

2. 계약 182
1) 계약의 개념 | 2) 계약의 내용과 형식 | 3) 계약단계에서 사회복지사와 클라이언트의 역할

3. 개입 184
1) 개입단계의 개념

〈 출제경향 파악 〉 **187**

제19장 / 직접개입과 간접개입(1)

1. 직접적 개입 189
1) 개인체계의 개입

〈 출제경향 파악 〉 196

제20장 / 직접개입과 간접개입(2)

1. 직접적 개입 197
1) 가족체계의 개입

〈 출제경향 파악 〉 203

제21장 / 직접개입과 간접개입(3)

1. 직접적 개입 205
1) 집단체계의 개입

2. 간접적 개입 208
1) 간접적 개입의 유형 | 2) 간접적 개입에서의 사회복지사의 역할

〈 출제경향 파악 〉 211

제22장 / 종결단계

1. 종결단계 213
1) 종결단계의 과업 | 2) 종결의 유형 | 3) 종결에 따른 반응

〈 출제경향 파악 〉 219

제23장 / 평가단계

1. 평가단계 221
1) 사회복지실천평가 | 2) 평가의 유형 | 3) 평가기법

〈 출제경향 파악 〉 228

제24장 / 사례관리

1. 사례관리의 개념 231

1) 사례관리의 개념 | 2) 사례관리의 특징 | 3) 사례관리의 등장배경 | 4) 사례관리의 목적

2. 사례관리의 기능 236

3. 사례관리의 개입 원칙 237

4. 사례관리 과정 237

1) 접수 | 2) 사정 | 3) 계획 | 4) 개입 | 5) 점검 및 재사정 | 6) 평가 및 종결

5. 사례관리자 역할 238

1) 사례관리자 역할 | 2) 역할별 활동내역

〈 출제경향 파악 〉 **239**

참고문헌 **240**

제1장
|
사회복지실천의 개념

1. 사회복지실천의 개념

1) 사회복지의 학문
① 인간의 욕구 충족을 위해 과학적인 지식과 기술을 활용하여 체계적인 이론을 바탕
   으로 하므로 박애나 자선과는 다름
② 실천학문, 응용학문으로 많은 학문들과 상당한 관계를 맺으며 발전, 그러나 독자
   적인 이론적 체계와 지식, 기술을 축적하고 있음
③ 지식적 기반이 되는 학문(사회학, 심리학, 정신의학, 정치학, 문화인류학)과 다학
   제적 성격을 띠고 있음

2) 사회복지와 사회복지실천
(1) 사전적 의미
① 국민의 생활 안정, 복리 향상 등을 위한 광범위한 사회적 시책의 총제
② 교육, 직업, 의료 등의 보장이 포함하는 사회적 노력, 넓은 의미의 사회적 대책
③ 사회적으로 만족하는 행복한 상태, 불만이 없는 상태, 지향하는 활동

④ 사회복지(Social welfare) 는 사회사업(Social work) 보다 더 포괄적인 개념

(2) 잔여적 제도와 제도적 복지(윌렌스키 & 르보) ★★★

① 잔여적 복지(=선별주의, 협의의 사회복지)
   - 개인의 욕구를 충족하는 기능은 가족과 시장경제에 의함
   - 가족과 시장경제가 개인의 욕구를 충족시키지 못하는 경우나 사회에서 실패하거나 낙오한 사람들에게 정부가 시혜의 의미로 서비스를 제공한다는 의미, 서비스를 받는 ct는 수치심(낙인감)
   - 보충적, 일시적 성격
   - 소극적인 사회복지
   - 기초생활보장, 긴급구호제도 등

② 제도적 복지(=보편주의, 광의의 사회복지)
   - 개인과 사회의 복지는 국가가 책임진다.
   - 국가나 사회는 모든 사람들이 그들의 능력을 최고로 발휘할 수 있도록 원조한다.
   - 사회문제를 예방, 완화, 해결에 기여한다는 의미이다.
   - 포괄적, 보편적인 복지를 지향한다.
   - 사회보험: 건강, 고용, 산재, 국민연금 등

3) 사회복지실천 방법의 분류 ★★★★

(1) 규모에 따른 분류(클라이언트 체계 크기)

① 미시수준(micro): 직접적 실천, 임상사회 사업
   - 개인, 부부, 가족을 포함하는 다양한 클라이언트 체계를 대상 실천
   - 1:1로 접촉하면서 직접 서비스를 전달 1:1 접촉에만 제한하지 않는다.
   - 관계론과 면접론, 가족치료가 중심기술인 직접서비스 실천에 해당됨
   - 가족은 미시, 조직은 중범위나 거시수준

② 중범위 혹은 중간수준(mezzo)
   - Micro와 Macro 중간수준
   - 조직과 기관의 대표들 사이보다는 더 의미있는 관계에서 개입

- 자조집단이나 치료집단의 조직 및 운용을 통한 사회복지실천
- 관계론과 면접론 집단역동을 활용하는 직접서비스
- 클라이언트에게 직접적인 영향을 미치는 가족, 또래집단, 학급과 같은 체계를 변화시키는 것
   ※ 지역사회조직, 지역사회복지실천을 중간수준 중시적 실천이라고 함
③ 거시수준(macro): 간접서비스 실천, 정책개발, 분석, 지역사회복지
   - 국가나 사회의 정책개발, 정책대안을 발굴하여 제시하는 활동, 제안된 법안에 대하여 분석 및 증언 등의 활동, 기관이나 조직의 행정체계 및 프로그램과 관련된 대안제시하고 지역사회 자원개발 등의 활동
   - 클라이언트의 삶에 영향을 미치는 지역사회나 전체사회 혹은 국가의 복지체계를 대상
   - 모금활동, 프로포절 작성, 사회적 약자에 대한 인식개선, 정책개발, 취약집단 권익옹호, 활동 등의 간접서비스를 실천

(2) 클라이언트의 접촉유무에 따른 분류 ★★★★
① 직접실천(direct practice) ★★
   - 개인, 집단 가족을 대상으로 클라이언트와 직접 대면하여 개입하는 미시적 실천, 지역사회의 집단이나 단체들에 제공하는 거시적 방법들의 측면들을 포함
   - 환경과 원활한 상호 작용에 사회적 기능 향상을 주요 목표
   - 상담, 정보제공, 가족치료, 집단프로그램 운영 등
② 간접실천(indirect practice) ★★
   - 환경체계에 개입, 사회적 지지체계나 자원들을 발굴 및 연계
   - 사회복지정책, 사회복지행정이 간접실천
   - 부적절하거나 불평등한 사회적, 법률적, 제도적 기능과 사회복지기관의 기능으로 인해 욕구를 충족할 수 없는 경우 개인, 집단을 위해 옹호활동
   - 홍보활동, 자원봉사자 모집, 옹호 모금활동, 서비스나 자원연결, 공청회 개최, 프로그램 개발, 모금활동, 예산확보 운동, 캠페인, 의뢰 등

4) 사회복지와 사회복지 실천의 비교(프리드렌더와 앱트)

인간의 삶의 목표가 행복이 있다면, 행복한 삶을 구현하기 위한 구체적인 사회제도가 사회복지이고 사회제도를 활용해서 사회복지가 추구하는 이념을 클라이언트의 생활 속에 구체화하기 위한 전문적 실천개입이 사회복지 실천임

2. 사회복지 실천의 정의

1) 사회복지실천의 정의

(1) 메리 리치몬드(1922)의 정의

개개인 그리고 개인과 사회환경 사이에서 의식적인 조정을 통해 개개인의 인격발달을 이루어 가는 과정이며 개인의 욕구충족과 인격개발을 목적, 미시적이고 치료적인 과정

(2) 핀커스와 미나한의 정의(1973)

사람과 사회환경에 존재하는 체계들 사이의 연결과 상호관계이며 생활상 필요한 제반 서비스를 받기 위해 체계에 의존하고 있는 개인을 돕는 일

(3) 미국사회복지사협회(NASW), 1958년

인간과 사회환경의 부조화로 인해 나타나는 개인 집단의 문제를 해결 최소화하며, 이러한 문제를 미리 예방하여 개인, 집단, 지역사회의 잠재력을 최대화하는 것을 목적으로 두며 사회복지실천에 관한 공식적인 최초의 정의, 개인이나 집단의 문제 예방

(4) 전미사회복지사협(NASW), 1977년

개인, 집단 그리고 지역사회가 사회적 기능을 향상시킬 수 있는 자신들의 능력을 회복하거나 증진시키고 자신들의 목표달성을 위한 사회조건을 만들어 갈 수 있도록 돕는 전문적 활동으로 사회복지실천이 전문직이라는 점을 강조

※ 모든 사람의 삶의 질과 사회적 기능향상, 대인관계 기술습득, 자신감을 갖도록 도

와주는 것

(5) 재스트로(zastrow) 정의
문제해결능력, 대처능력, 발달적 능력 신장, 자원과 서비스 및 기회 제공체계와 연결,
사회정책 개발 및 개선, 사회적 경제적 정의 증진, 전문적 지식과 기술개발을 검증하
는 것

(6) 종합하면
사회구성원들이 사회제도를 통해 자신의 기본적인 욕구를 충족하는데 어려움이 있거
나 예상될 때 욕구를 충족할 수 있도록 도움을 제공하는 조직화된 사회적 활동

3. 사회복지 실천의 목적

1) 사회복지실천의 목적
① 사회복지실천의 궁극적인 목적
  - 인간의 삶의 질 향상이며, 이는 시대나 사회가 변해도 달라지지 않음
② 사회복지실천의 세부적인 목적
  - 사회나 문화, 시대적 분위기와 기대 등을 반영하기 때문에 달라질 수 있다고 봄
    ※ 결국 사회복지실천의 목적은 사회구성원 다수가 동의하는 내용으로 구성되어
      져야 함
③ 종합하면 ★★★
  - 사회적 자원이나 서비스, 기회 등 환경체제가 원활하게 상호작용을 할 수 있도록
    원조함
  - 다양한 사회복지 기관: 시설 또는 조직이 클라이언트에게 보다 좋은 서비스가 제
    공되도록 효과적, 효율적으로 운영함
  - 사회정책 개발, 분석, 대안의 향상을 목적으로 하는 실천활동
  - 생태체계적 관점에서 인간과 사회환경 간의 상호작용을 기초로 하여 스스로 문

제해결능력과 대처 능력이 향상됨

4. 사회복지실천의 기능 ★★★

1) 사회복지 실천의 기능

(1) NASW 기능 ★★

- 자신감 고양, 문제해결과 대처능력 향상
- 자원 취득 도움
- 조직(환경) 이 사람에게 반응토록 함
- 개인과 환경, 조직과 상호작용 촉진
- 조직과 제도 간 상호 작용에 영향력을 행사
- 사회정책과 환경정책에 영향

(2) 사회적 기능 증진(부적응 – 적응)

- 욕구가 있는 개인들의 사회기능을 증진
- 욕구를 표출한 사람들이 직접적인 관련

> • 좁은 범위: 개인이나 가족, 집단
> • 넓은 범위: 지역사회 및 큰 사회

(3) 사회정의 향상(불평등 – 평등)

- 사회복지사가 옹호활동을 하면서 사회정의를 향상
- 사회제도가 제공하는 기회가 자원을 확대시키는 데에 기여하는 것이 사회정의를
  실현하는 방법

(4) 정리하면

- 인간의 존엄성 보장

– 인간의 건전한 성장과 보장

– 정상화

– 사회통합

5. 사회복지실천의 이념과 철학

1) 이념과 철학적 배경

(1) 상부상조/상호부조의 정신

– 빈곤문제에 대처하는 가장 원초적인 제도

– 영국에서 길드(Guild) 조직에 의한 구호활동, 우리나라는 품앗이 두레 등

(2) 자선, 사랑 등의 종교적 윤리

– 서구의 자선은 기독교의 실천

– 기독교에서는 빈민과 무능력자를 돌보는 의미

– 교회와 수도원의 구빈활동

(3) 인도주의와 박애사상

– 박애는 그리스 로마전통에 뿌리, 박애사상이란 뭇사람을 차별없이 두루 사랑

– 자선조직협회(COS) 우호방문원 활동의 기본철학

– 우애방문원들은 기독교 사상을 실천하려는 중산층 이상의 주부들로 구성되었는데 이들은 빈민들을 대상으로 인도주의적 원조활동

– 산업혁명으로 발생한 사회문제에 대한 대응책

(4) 사회진화론(COS)

– 생태계의 적자생존과 약육강식의 논리의 자연법칙이 사회에도 적용

– 사회복지실천 역사에서 사회통제적 측면

– 정부가 원조에 수혜자격 조사와 등급제를 통해 빈민을 통제

- 현재의 상태를 유지 최소한의 도움을 제공
- 변화에 적합계층은 살아남고
- 변화에 부적합계층은 소멸
- 부자는 우월성, 빈자는 열등성

(5) 민주주의

- 모든 인간은 평등, 클라이언트도 대우받을 권리
- 빈곤층의 가치를 인정한 인보관 운동 이념인 민주주의는 사회개혁으로 이어짐
- 자기결정권에 영향

(6) 개인주의

- 개인권리의 존중과 함께 수혜자격 축소, 개인의 권리와 의무를 강조
- 빈곤문제는 개인의 책임임, 개별화의 기반

(7) 다양화

- 인종, 계층, 성별, 문화, 이념 등 여러 가지 상대적인 관점에서 바라보고 인정, 다양한 계층에 대한 수용, 다양한 문제, 접근방식을 수용

01) 사회복지실천의 목표로 옳은 것을 모두 고른 것은?   (14회 기출)

ㄱ. 권위적 관계의 고수

ㄴ. 사회복지사의 사적 이익 추구

ㄷ. 이중관계(dual relationship) 의 지향

ㄹ. 클라이언트의 삶의 질 향상 제고

---

① ㄱ, ㄴ, ㄷ   ② ㄱ, ㄷ

③ ㄴ, ㄹ   ④ ㄹ

⑤ ㄱ, ㄴ, ㄷ, ㄹ

☞ 해설

사회복지실천은 궁극적으로 클라이언트의 삶의 질을 높이고자 함

권위적 관계를 고수하거나 사회복지사의 사적 이익을 추구하는 것. 이중관계를 지향

하는 것은 사회복지실천의 목표로 부적절하다. 사회복지사는 클라이언트의 이익을

위해 일하며 개인의 이익을 추구하지 않는다.

정답 ④

02) 사회복지실천의 목적과 기능으로 옳지 않은 것은? ★★★   (17회 기출)

① 사회정의의 증진

② 클라이언트의 삶의 질 증진

③ 클라이언트의 가능성과 잠재력 개발

④ 개인과 사회 간 상호유익한 관계 증진

⑤ 개인이 조직에게 효과적으로 순응하도록 원조

☞ 해설

사회복지실천의 기능 중 '조직이 사람에게 반응하도록 한다'는 사회복지실천 조직이 클라이언트에게 반응적인 조직이 되도록 한다는 뜻이다. 클라이언트의 욕구가 충족되고 문제가 해결될 수 있도록 사회복지기관이 도와주고 움직여야 한다.

정답 ⑤

제2장

|

사회복지실천의 가치와 윤리

1. 사회복지실천의 가치

1) 가치의 개념(믿음, 신념) ★★

(1) 가치란?

- 좋고 바람직한 것에 대한 믿음, 보편적, 관념적 체계도로써 방향성을 제시하는 것
- 가치는 지식, 기술과 더불어 사회복지실천의 3대축의 하나로 사회복지실천이 추구하는 방향성을 제시
- 가치를 기반으로 동기화 기능화 개념은 매우 중요
- 가치는 행동 시 선택의 기준 인간행동의 방향, 동기를 제공
- 믿음, 신념, 주관적 선호, 좋다, 싫다, 바람직하다, 나쁘다 등, 인간행동의 방향을 제시

(2) 사회복지실천의 본질적인 가치 ★★

- 인간의 존엄성 존중, 클라이언트의 개별화, 자기결정권, 비밀보장을 존중하는 수

단적 가치, 직업적인 윤리의 토대를 마련
- 사회적 책임성과 참여를 중시하는 것
- 사회는 개인의 발전을 위해 최소한의 자원을 공평하게 배분

(3) 기본가치(friedlander)
- 인간 존엄성, 인간의 자율성, 기회의 균등성, 사회적 책임성

(4) 전미사회복지사협회(NASW, 1995) 가 제시한 기본가치
- 개인의 가치와 존엄성, 개인에 대한 존경, 개인의 변화가능성에 대한 가치, 클라이언트의 자기결정권, 비밀보장, 사생활 보장, 적절한 자원과 서비스제공, 역량강화, 동등한 기회의 보장, 비차별성, 다양성 존중 등

2) 가치의 분류
(1) 존슨(Johnson) 상대적 중요성에 따른 가치체계(Pumphrey) ★★
① 궁극적 가치(ultimate values)
- 가장 추상적, 다수에 의해 가장 쉽게 동의를 얻을 수 있는 내용
- 인간의 존엄성, 사회정의, 또는 자유, 평등한 대우 및 차별금지 등
② 수단적(도구적) 가치(instrumental values)
- 목적을 위해 요구되는 수단들을 명확하게 하는 것을 말함
- 자기결정, 비밀보장, 고지된 동의, 수용적, 비난하지 않는 태도 등
- 사회복지실천 가치, 개인의 가치, CT가치와 조화가 이루어져야 함
- 모두를 고려해야 함
- 사회복지 실천 가치와 윤리의 틀 안에서 다루어야 함

3) 차원에 따른 가치분류
(1) 기관의 가치
- 각 사회복지기관은 역할, 기능, 책임에 따라 고유한 가치를 가지며 기관의 가치는 종종 클라이언트의 가치와 갈등

(2) 전문적 가치

- 독특한 실천 활동과 관련하여 요구되는 가치
- 기본적으로 전문직 활동의 평가와 책임소재의 근거
- 전문직이 속한 사회의 가치를 반영하게 되는데, 이때 사회적 가치는 시대에 따라 변할 수 있음

4) 사회복지전문직의 가치(Levy) ★★★★

(1) 사람 우선 가치(인간에 대한 바람직한 신념)

전문직이 갖추고 있어야 할 기본적인 가치로서 인간을 존엄하고 고귀한 존재로 인정

① 개인이 타고난 가치, 존엄성에 대한 믿음, 건설적 변화의지와 능력에 대한 믿음, 상호적 책임, 소속적 욕구, 독특성, 일반적인 인간적 욕구 등을 인정하는 가치

② 개별화된 인간으로 보고 능력을 인정해 주며 그에 따라 권한을 인정해 주는 가치관

　예) 인간의 가치와 존엄성 존중, 개별성에 대한 인정 등

(2) 결과우선 가치(목표로 하는 결과에 대한 개념)

① 사람에 대해 서비스를 제공, 초래되는 결과에 대한 가치

② 사회참여 기회를 동등하게 제공, 사회적 책임에 대한 믿음

　예) 인간의 기본욕구충족, 부적절한 교육이나 주택문제 등의 사회문제 제거

(3) 수단우선가치(인간을 대하는 바람직한 방법)

① 서비스를 수행하는 방법, 수단, 도구에 대한 가치가 있음

② 존경과 존엄, 자기결정권을 가짐

③ 사회변화에 참여하도록 촉진, 독특한 인간으로 인정함

　예) 자기결정권 존중, 비심판적 태도

(4) 사회복지실천가치의 발달단계(Reamer)

① 1단계: 19세기말

- 전문적 사회복지실천의 태동기로 자선조직협회 등이 활동하던 시기(간섭적 온정

주의)

  - 구제활동과 빈곤에 대한 대응이 가장 중요한 임무
  - 전문가의 윤리보다는 클라이언트의 도덕성에 관심을 가졌으며, 클라이언트를
    교화의 대상으로 봄, 즉 인간의 기본적 권리가치는 고려되지 않음
  - 빈곤을 그저 개인의 나태 때문에 일어난 것이라고 생각
② 2단계: 20세기 초
  - 20세기 초 인보관 운동의 시작 및 진보의 시기로 시각적 변화가 일어난 시기
  - 진보주의와 함께 빈곤자의 도덕성 결여 보다 빈곤발생의 사회적 문제에 초점
③ 제3단계: 1940~50년대 초
  - 도덕적 차원에 대해 관심이 집중된 시기로 사회복지 전문직의 가치와 윤리가 본
    격적으로 언급
  - 클라이언트의 도덕성보다는 전문실천가들의 도덕성 및 윤리문제에 더 큰 관심
    을 가짐
  - 적절한 실천을 향상시키기 위해 전문가 윤리지침이 개발
④ 제4단계: 1960년대 이후
  - 사회적 평등, 인권, 복지권, 차별, 억압 등의 가치를 사회복지실천과 교육에 접목
  - 1960년 NASW는 첫 윤리강령을 공식 채택하였고, 사회복지가치와 윤리에 대한
    관심이 증폭
  - 1967년 레비(Levy)의 〈사회복지 윤리학 Social work ethics〉의 출간으로 가치
    와 윤리에 대한 관심이 확장

2. 사회복지전문직의 가치와 윤리 ★★★

1) 가치와 윤리
(1) 가치와 윤리의 관계
① 가치는 방향을 제시해 주고 윤리는 행동의 원칙, 지침을 제시
② 윤리는 가치에서 나오기 때문에 가치와 조화를 이루어야 함

③ 사회복지실천의 윤리에서 가치문제를 중요하게 다루는 이유는 사회복지의 가치에서 윤리적 원칙들이 나오기 때문

④ 전문적 가치 – 전문직의 독특한 실천 활동과 관련한 가치 활동의 평가와 책임 소재의 근거

⑤ 모든 인간은 고유의 가치와 존엄성 – 수용, 판단유보, 개방성 등

(2) 사회복지실천윤리와 윤리강령

① 사회복지사는 전문가로서 사람을 돕는 일을 펼쳐나감에 있어 윤리적 결정을 내려야 하는데 다양한 상황에 직면

② 사회복지실천과정에서 다양한 문제에 부딪히게 되는데 이런 상황에서 판단의 근거나 방향을 제시해 줄 수 있는 체계적 준거틀을 마련

2) 사회복지사의 기본적 윤리기준 ★★★

① 전문가로서의 자세

- 전문가의 품위와 자질 유지
- 클라이언트의 차별대우 금지
- 성실, 공정, 부당한 압력에 타협하지 않아야 함
- 사회정의 실천, 클라이언트의 복지증진에 헌신해야 함
- 기간내외의 부당한 간섭이나 압력을 받지 않음
- 자신의 이익을 위해 전문직의 가치와 권위의 훼손을 금지해야 함
- 사회복지사의 권익을 옹호해야 함

② 전문성 개발을 위한 노력

- 지식과 기술개발에 최선을 다해야 함
- 클라이언트의 자발적이고 고지된 동의를 확보해야 함
- 비밀보장이 이루어져야 함
- 전문성 개발노력과 동시에 최상의 서비스를 제공해야 함
- 교육에 적극적으로 참여해야 함

③ 경제적 이득에 대한 태도

– 클라이언트의 경제적 능력에 따른 차별을 금지해야 함

– 공정하고 합리적인 서비스 이용료를 책정해야 함

– 정당하지 않은 경제적 이득은 금지해야 함

3) 사회복지사의 클라이언트에 대한 윤리기준 ★★

① 클라이언트와의 관계

– 클라이언트의 권익옹호를 최우선으로 해야 함

– 인간의 존엄성, 존중, 전문직 기술과 능력을 발휘해야 함

– 클라이언트의 자기결정권을 최대존중 해줘야 함

– 클라이언트의 사생활존중, 비밀유지를 해줘야 함

– 클라이언트의 알 권리를 존중해줘야 함

– 클라이언트의 정보 공개 시 동의를 획득해야 함

– 개인적 이익을 위해 전문적 관계를 이용하는 걸 금지해야 함

– 클라이언트와 부적절한 성관계를 금지해야 함

– 클라이언트를 동반자로 인정하고 협력해야 함

② 동료의 클라이언트와의 관계

– 적법한 절차 없이 동료의 클라이언트, 다른 기관의 클라이언트와 전문적 관계를 금지

– 동료의 클라이언트를 맡게 된 경우 자신의 의뢰인처럼 관심을 갖고 서비스를 제공해야 함

4) 사회복지사의 동료에 대한 윤리기준

① 동료

– 존중과 신뢰, 동료와 협력하여 사회복지 전문직의 이익권익을 증진해야 함

– 동료의 윤리적 전문적 행위를 촉진해야 함

– 사회복지사가 야기한 문제에 대하여 클라이언트의 이익을 보호해야 함

– 동료 및 타전문가의 가치를 인정해야 함

② 슈퍼바이저

- 개인적 이익을 위해 자신의 지위를 이용할 수 없음
- 사회복지사, 수련생, 실습생의 평가를 그들과 공유해야 함
- 슈퍼바이저와 사회복지사의 상호간 업무협조 및 존중을 해주어야함
- 사회복지사, 수련생, 실습생에게 인격적, 성적인 수치심을 금지해야 함

5) 사회복지사의 사회에 대한 윤리기준
- 인권존중, 인간평등을 위해 헌신, 약자의 옹호 및 대변을 함
- 사회서비스 개발을 위한 사회정책의 수입 등에 적극 참여 및 지원을 함
- 사회정의 증진을 위해 사회정책의 수립 등을 요구 및 옹호해야 함
- 지역사회의 문제 이해 및 해결노력을 해야 함

6) 사회복지사의 기관에 대한 윤리기준
- 기관정책, 사업목표달성, 서비스 효율성, 효과성 증진
- 부당한 기관의 정책 및 요구는 사회복지윤리위원회에 보고해야 함
- 소속기관의 활동에 적극적으로 참여해야 함

7) 사회복지윤리위원회 구성과 운영
※ 한국사회복지사협회가 구성
- 사회복지윤리실천의 질적 향상을 도모
- 윤리강령을 위배, 침해하는 행위에 대처
- 사회복지사는 한국사회복지사협회의 윤리적 권고 결정을 존중

3. 사회복지실천과 가치갈등
① 가치상충
  - 두 개 또는 그 이상의 가치가 상충할 때 윤리적 갈등이 야기됨
② 의무상충
  - 사회복지사가 기관에 대한 의무와 클라이언트에 대한 의무 사이에 갈등하게 되

는 경우로서, 사회복지사는 자신이 속한 기관이 정책을 준수해야 하지만, 그 행동이 클라이언트의 이익에 위배될 경우 윤리적 갈등을 겪을 수 있음

③ 클라이언트체계의 다중성
  - 클라이언트가 여러 명일 경우 누가 클라이언트이고 누구의 이익을 최우선적으로 개입해야 하는지를 판단하기 어려운 경우

④ 결과의 모호성
  - 사회복지사가 내릴 결정의 결과가 불투명할 때 어떤 결정을 내려야 할지 갈등이 생김

⑤ 힘 또는 권력 불균형
  - 사회복지사와 클라이언트의 관계가 권력적으로 평등하지 않기 때문에 생기는 갈등
  - 클라이언트는 도움을 받는 입장이고 사회복지사는 전문가로서 도움을 제공하기 때문에 클라이언트가 전문가에게 의존하는 관계가 되기 쉬운데 이때 발생하는 갈등

4. 사회복지실천의 윤리적 쟁점들

1) 클라이언트의 자기결정권
(1) 클라이언트의 자기결정권과 관련된 윤리적 갈등
클라이언트의 나이가 너무 어리거나 정신 연령이 낮아서 스스로 결정할 수 있는 능력이 없을 때 클라이언트가 결정한 것이 다른 사람이나 기관, 사회에 해를 입힐 가능성이 높다고 판단될 때, 사회복지사는 어느 범위까지 클라이언트의 자기결정권을 제한해야 할지 윤리적 딜레마에 처하게 됨

2) 클라이언트의 비밀보장
(1) 클라이언트의 비밀보장 원칙과 관련된 윤리적 갈등
① 대다수의 경우 클라이언트와 나눈 정보는 비밀보장이 지켜져야 함

② 클라이언트가 자신 또는 타인을 해칠 위험이 있을 경우, 아동이나 노인학대가 일어났을 경우 등 사회복지사는 비밀을 지킬 수 없다고 판단되는 상황이 부딪힐 수 있음

③ 전미사회복지사협회의 윤리강령에 의하며 "어쩔 수 없는 전문가적 이유 때문에 비밀보장 정보를 밝힐 수 있다."고 명시하고 있으나 이에 대해 구체적으로 합의된 내용은 없음

④ 사회복지사는 법정으로부터 클라이언트의 정보를 공개하라는 명령을 받을 수 있고 이때 윤리적 갈등을 겪을 수 있음

⑤ 슈퍼비전이나 전문가회의 등에서 전문적인 이유로 클라이언트의 정보를 공개할 수 있는데, 이때에는 클라이언트 개인의 권리를 최대한 존중하면서 사전에 동의를 받아야 함

3) 진실을 말할 의무

(1) 진실을 말할 의무와 관련된 윤리적 갈등

① 어떤 사람이 사회복지사에게 클라이언트에 관한 정보를 제공했을 때, 그 사실을 클라이언트에게 알려주는 것이 좋은지, 만약 알려준다면 그 사람의 비밀보장은 어떻게 되는지 등과 관련이 있음

② 진실을 말하지 않거나 잘못된 정보를 제공하는 일은 없어야 함

③ 때로는 진실한 정보가 클라이언트에게 해가 된다고 판단될 때 사회복지사는 윤리적 갈등을 경험할 수 있음

4) 기타 윤리적 갈등 및 쟁점

① 제한된 자원의 공정한 분배
② 상충되는 의무와 기대
③ 클라이언트의 이익과 사회복지사의 이익
④ 전문적 동료관계
⑤ 규칙과 정책 준수
⑥ 개인적 가치와 전문적 가치

⑦ 전문적 관계 유지

5. 윤리적 갈등의 조정(로웬버그와 돌고프) ★★★★★

〈 윤리원칙 준거들 〉

윤리원칙1	생명보호의 원칙	인간의 생명보호가 모든 다른 것에 우선함
윤리원칙2	평등과 불평등의 원칙	능력이나 권력이 같은 사람들은 똑같이 취급받을 권리가 있고 능력이나 권력이 다른 사람들을 다르게 취급받을 권리가 있음
윤리원칙3	자율과 자유의 원칙	클라이언트의 자율성과 독립성 그리고 자유는 중시되나 무제한적인 것은 아니라는 것으로서 자신이나 타인의 생명을 위협하거나 학대할 권리 등은 없음
윤리원칙4	최소 해악의 원칙	선택 가능한 대안이 다 유해할 때 가장 최소한으로 유해한 것을 선택해야 함
윤리원칙5	삶의 질 향상의 원칙	지역사회는 물론이고 개인과 모든 사람의 삶의 질을 좀 더 증진시킬 수 있는 것을 선택해야 함
윤리원칙6	사생활 보호와 비밀보장의 원칙	사회복지사가 클라이언트에 대해서 알게 된 사실을 다른 사람에게 공개해서는 안 됨
윤리원칙7	성실의 원칙 (혹은 진실성과 정보개방의 원칙)	클라이언트와 여타의 관련된 당사자에게 오직 진실만을 이야기하며 모든 관련 정보를 완전히 공개해야 함

01) 레비(C. Levy)가 제시한 사회복지 전문직의 가치 중 수단에 관한 가치에 해당하는 것은? (15회 기출)

① 소속의 욕구
② 건설적 변화에 대한 능력과 열망
③ 자기결정권 존중
④ 상호책임성
⑤ 인간의 공통된 욕구

☞ 해설
레비가 제시한 사회복지 전문직의 가치 중 수단 우선 가치는 서비스를 수행하는 방법과 수단, 도구에 대한 가치로써 사람 우선 가치를 실현하는 방법이다. 자기결정권 존중은 수단에 관한 가치로써 인간을 존엄하고 고귀한 존재로 인정해주는 사람에 대한 가치를 실현하는 수단이 되는 가치이다.

정답 ③

02) 우리나라 사회복지사 윤리강령의 내용에 해당하지 않는 것은? (15회 기출)

① 사회복지사는 사회환경을 개선하고 사회정의를 증진시키기 위한 사회정책의 수립, 발전, 입법, 집행을 요구하고 옹호해야 한다.
② 클라이언트를 대상으로 연구하는 사회복지사는 저들의 권리를 보장하기 위해 자발적이고 고지된 동의를 얻어야 한다.
③ 사회복지사는 클라이언트의 지불능력에 상관없이 서비스를 제공해야 하며 이를 이유로 차별대우를 해서는 안 된다.
④ 사회복지사는 어떠한 상황에서도 클라이언트와 부적절한 성적 관계를 가져서는 안 된다.
⑤ 사회복지사는 기관의 부당한 정책이나 요구에 대하여 전문직의 가치와 지식을 근거로 이에 대응하고 즉시 시·군·구에 보고해야 한다.

☞ 해설

우리나라 사회복지사 윤리강령 중 '기관에 대한 윤리기준'에 해당되는 내용인데 사회복지사는 기관의 부당한 정책이나 요구에 대하여 전문직의 가치와 지식을 근거로 이에 대응하고 즉시 사회복지윤리위원회에 보고해야 한다.

정답 ⑤

제3장
|
사회복지실천의 역사(1)

1. 서구의 사회복지실천의 역사적 발달과정

1) 전문적 사회복지실천 태동기(19세기 중반~20세기 초)

(1) 시대적 상황
① 18세기 중엽 영국은 산업혁명 인한 도시화, 공업화로 도시빈민이 대량발생
② 사회문제, 빈곤문제가 발생, 빈민을 원조, 전문적인 조직이 등장
③ 다양한 자선단체가 등장, 중산계급의 기독교인이 주축
  - 전문적 사복(태동기) 1870~1900: 자선 조직협회, 인보관운동
  - 전문적 확립기 1900~1920: 전문직화 움직임
  - 전문적 분화기 1920~1950: 3대 방법론 확립, 진단주의 대립, 기능주의 대립
  - 통합기 1950~1970: 3대 방법론 한계, 통합방법론 발전
  - 다양화, 확장기 1970~현재: 새로운 모델, 다양한 관점 등장
④ 산발적인 활동 때문에 빈곤문제해결에는 큰 효과가 없었으므로 이러한 활동들이
  사회복지 실천영역에 포함된다고 보기는 어려움

⑤ 초기의 활동은 실습제도 체계에서 지식과 기술을 습득한 봉사자에 의해 수행되어
점차 전문적인 영역으로 분화되어 옴

전문적 사회복지실천 시기

• 유럽, 특히 영국에서 교회중심의 구조활동에서 기원을 찾아 볼 수 있다.

• 1531년 헨리8세가 법령을 제정했다.

※ 그러나 주로 부랑자와 걸인을 체벌하는데 주목적을 두어 사회 통제적 수단
이었다고 볼 수 있다.

---

(2) 자선조직협회(charity organization society, COS) ★★★★★

① 특징

- 1869년 영국 런던에서 일어난 자선조직협회의 운동과 그 사업에 기반을 두고 있음
- 순수민간단체
- 중산계층의 자원봉사자(우애방문원)가 가난한 가정을 방문하여 빈민의 상태에서
벗어나도록 원조
- 미국에서는 1877년 뉴욕 버팔로에서 처음으로 조직
- 각 지구에 구빈위원회를 두고 우애방문원을 통하여 빈곤자를 지도
- 우애방문원은 가정방문, 면담, 기록, 사례연구 등을 수행, 개별사회복지실천의
초석, 사회복지조사, 지역사회실천활동에 근간
- 구빈법에 기초, '가치있는 빈민'과 '가치없는' 빈민을 구분
- 기독교적 도덕성을 강조
- 중산층 기독교인의 도덕 및 가치관에 입각한 근면성을 배워 빈곤에서 벗어나고
의존성을 줄이도록 교화
- 사회진화론의 영향을 받아 빈곤의 원인이 개인의 도덕적 문제, 혹은 개인의 나태
등에서 비롯, 빈민을 교화
- 중산층에 속했던 우호방문자들이 개인을 방문해서 면접하고 기록, 그 사례를 연
구하는 등 이후 개별사회사업과 지역사회사업을 실천
- 개인주의적 빈곤관을 가지며, 빈곤 발생의 사회적 기반을 경시했다는 한계

② 목적

    – 자선활동을 조정, 환경을 조사, 적절한 원조를 제공

    – 시대 상황을 극복, 구제서비스를 좀 더 효과적으로 제공

    – 서비스의 중첩과 누락을 방지

    – 구제기능 간에 연락, 조정

    – 빈민층 교화

③ 우애 방문원 ★★★

    – 자원봉사자, 주로 중산층의 부인들로 구성

    – 빈곤 가족을 방문 가정생활, 아동에 대한 교육, 가계 경제에 대한 조언

    – 무급으로 일하는 자원봉사활동의 형태

    – 빈민층 교화를 위한 활동, 욕구조사, 문제 원인의 규명, 문제해결 방법을 알려주는 일

    – 중산층의 도덕우월을 유지한 채 빈곤층에게 친절을 제공

    – 개별사회복지실천으로 대체되어 점차 전문화

(3) 인보관운동(Settlement house movement, SEM) ★★★★★

① 등장배경

    – 1884년: 영국에서 바네트 목사에 의해 세계 최초의 인보관인 토인비홀이 설립

    – 1886년: 미국에서 코네트에 의해 최초의 인보관 근린조합이 설립

    – 1889년: 미국 시카고 빈민가에 아담스와 스타가 헐하우스를 설립

      • 빈곤은 사회문제, 사회가 주체

      • 빈민지역의 개량이 우선

      • 빈곤의 해결은 사회적 환경의 변화가 필요

② 특징

    – 19세기 후반, 산업화, 도시화, 이민 등의 사회문제에 대처

    – 자선조직협회는 빈곤의 원인을 개인에게 돌렸으나, 인보관운동에서는 사회구조적 원인에 초점, 기존의 사회질서를 바꿔야 한다는 사회 개혁운동

    – 활동의 주축은 대학생과 지식인층, 주택개선, 공중보건향상, 빈민 노동 착취방지를 위한 활동

- 사회적환경의 변화를 위해서는 빈민의 상황과 사회개혁의 필요성을 빈민에게 알려주어야 하고, 빈곤 지역으로 들어가서 빈민들과 함께 거주하며 그들의 요구가 무엇인지 이해하는 것이 필요
- 집단사회복지실천과 지역사회복지의 활동에 영향, 3R, 즉 거주, 연구조사, 개혁을 강조함
  ※ 연구와 조사를 통해 사회제도를 개혁해야 한다고 주장
- 소외계층의 역량강화를 주장
- 소외계층에게도 자신의 문제를 해결할 수 있는 능력이 있음을 인정하고 그 능력을 발휘할 수 있도록 힘을 북돋워줌
  ※ 이는 역량강화모델의 이념적 근원

〈 자선조직협회 인보관 운동 비교 ★★★★★〉

비교	자선조직협회	인보관 운동
※이념/ 이론	사회진화론	사회교육, 급진주의성향, 기독교 사회주의
※주요 활동가	중상층부인 중심의 자원봉사 (우애방문원)	젊은 대학생, 교수 등 지식인, 중산층
※도덕성에 대한 관점	기독교적 도덕성 강조, 나태함의 비난	도덕성의 다양한 관점 인정
※실천장소	가정방문	빈곤지역에 거주
영향	개별사회사업, 지역사회복지	집단사회사업, 지역사회복지
빈곤관	개인책임 (자유주의적 빈곤 죄약시)	사회환경의 책임 (사회개혁 필요)
서비스	경제부조, 서비스 조정에 초점	서비스 자체에 초점제공
시사점	개별사회사업의 시초, 지역사회복지	집단사회사업의 시초, 지역사회복지

2) 사회복지실천 전문직 확립기(1900 전후~1920년대 전후) ★★★

(1) 전문직으로 전환하기 위한 움직임

① 보수체계 정립
- 주로 우애방문자를 고용한 것은 1890년대 말 자선조직협회로, 도제제도 중심의 훈련에서 벗어나 정규교육 과정, 보수를 제공하여 책임감, 지속성을 높인 것

- 1900년 의사인 카보트는 1905년에 메사추세츠 병원에서 유급의료 사회복지사를 고용

② 교육훈련제도 도입
   - 도제제도 중심의 훈련에서 벗어나 정규교육과정을 통해 우애방문원을 교육시킬 필요성을 느끼고 정규 교육프로그램을 함
   - 1895년에 미국 최초의 사회복지 전문 인력 훈련과정이 뉴욕 자선조직협회에 의해 뉴욕자선학교의 후원을 받아서 6주 과정으로 개설
   - 1904년 1년 과정 프로그램을 1910년에는 2년 과정을 개설
   - 1915년 플렉스너 비판 이후, 이미 존재하고 있던 뉴욕자선학교 이외에 2년 과정의 정규교육을 위해 1919년까지의 17개의 전문사회복지학교가 설립되었고, 이 중 12개 대학 내에 설립되면서 위상이 높아졌다.
   - 우애방문원 관리자를 고용하여 우애방문원을 교육하였으며 이는 지금의 슈퍼바이저의 전신
   - 프로이트의 정신분석이론이 사회복지실천의 기초이론에 큰 영향을 미침
   - 1900년에 필라델피아 자선조직협회의 총 책임자 돈 메리 리치몬드는 자신 및 동료들의 사회복지실천 내용 및 활동과정을 종합한 [사회진단](1917) 이라는 책을 출판
   - 사회진단은 사회복지실천에 관한 이론과 방법을 체계화 시킨 최초의 책인데 이 책에는 빈민의 처한 상황을 체계적으로 진단하는 기술을 소개

③ 전문가협회 설립
   - 미국병원사회사업협회(1918)
   - 미국사회복지사협회(ASSW, 1921) 창립
   - 미국정신의학 사회복지사협회(1924) 등

④ 사회복지실천기초이론 구축

(2) 전문직 확립기의 결정적 근거로 보는 이유(플렉스너 영향) ★★★
① 프로이드의 정신분석 이론에 바탕을 두어 전문적인 사회복지실천이론이 확립
② 우애 방문원을 통해 사회복지조직이나 단체에 유급직원을 배치
③ 전문적인 복지사업을 시작(의료사회사업, 정신의료사회사업, 아동복지사업 등)

④ 사회복지 관련 단체와 연맹을 전국 규모로 조직
⑤ 사회복지 관련 전국회의 개최

3) 전문직 분화기(1920년 전후~1950년 전후)-진단주의, 기능주의 대두 ★★★★★

(1) 사회복지실천의 3대 방법론의 분화

① 개별사회복지사업(case work)
  - 개별사회사업 방법론을 바탕으로 사회복지실천이 이루어짐
  - 사회복지사는 개인적이고 사적인 영역(아동상담소, 병원 등)에서 전문적인 사회
    복지실천
  - 사회적 치료를 기본으로 하여 규범적 행동범위를 중요시, 지역사회 자원활동이 강조

② 집단사회복지사업(group work)
  - 1930년대 이후 집단사회복지실천이 개별사회복지실천과 함께 사회복지사업 방
    법으로 인식되기 시작
  - 집단구성원 간의 상호작용을 강조, 경쟁보다는 협동에 초점을 맞춤
  - 2차 대전 이후, 정신분석의 집단치료방법을 활용, 군대나 사회복지기관에 집단
    지도자가 고용, 집단지도가 발전
  - 체계화된 전문적, 이론적 기술이 필요
  - 1946년 집단사회복지사업을 공식적으로 사회복지실천기술로 인정

③ 지역사회조직(community organization)
  - 1920부터 주 단위로 공공복지기관이 설치
  - 1929년 대공황으로 1929년 미국의 민간사회사업의 한계를 드러냈고, 국가가 사
    회사업기관을 설립
  - 공공기관에서 활동하는 사회복지사의 수가 늘어나고, 지역사회실천이 발달하고
    전문화되어, 지역사회조직이 사회복지방법론의 한 분야로 정착

(2) 진단주의와 기능주의 ★★★

① 진단주의 학파(diagnostic school) - 1920년대 전후 프로이트 정신분석학에 의해 등장
  - 인간을 기계적, 결정론적 관점에서 바라봄

- 인간은 무의식의 힘에 의하여 좌우되며, 유년기의 내면화된 부모의 영향력에서 벗어나지 못한다고 봄
- 초기 아동기에 발견되지 않는 문제와 이해를 기초로 하는 치료와 클라이언트의 생육사를 탐구하는 것을 기반
- 진단이 강조된 정신분석 지향적인 접근에 기초
- 진단주의 학파의 기본전제는 성격에 있어서 자아의 힘이 사회복지 원조에 따라 강화될 수 있다는 것
- 사회복지실천은 진단주의를 근거로 클라이언트의 성격구조를 과거에서 현재까지의 생활을 통해 분석
- 현재의 자아기능을 해명하여 자아의 강화를 도모
- 사회 환경에 대한 성격의 적응력을 강화
- 인간성의 이해에 관해서 '질병의 심리학' 으로 봄
- 홀리스의 심리 사회모델로 발전
- 홀리스, 고든, 해밀튼, 메리 리치몬드 등이 있음

② 기능주의(functional school)
- 진단주의 학파에 반기를 들고 1930년대 후반에 등장한 이론
- 펜실베니아 대학 사회사업대학원에서 발전
- 대표적인 학자로는 오토뱅크, 로빈스, 태프트, 스멀리 등
- 인간의 성격에 있어서 자아의 창조적 통합력을 인정
- 클라이언트 스스로 자아를 전개하도록 원조하는 것을 과제로 함
- 클라이언트는 도움을 받는 기관의 제한된 기능 내에서 스스로 선택하고, 자신의 내부의 힘을 활용하여 자신의 성장을 위한 과제를 수행하고, 시간적으로 제한된 범위 내에서 자신의 문제해결과정에 참여해야 함
- 성장할 수 있는 클라이언트 내부의 힘에 대한 믿음이 있음
- 치료의 책임이 사회복지사가 아닌 클라이언트 자신에게 있다고 주장
- 클라이언트의 현재 문제에 초점
- 치료라는 말을 거부하고, 원조과정이라는 표현을 사용, 성장의 심리학
- 클라이언트 중심 모델로 발전

01) 자선조직협회와 인보관에 관한 내용으로 옳지 않은 것은? (14회 기출)

① 인보관은 집단사회사업의 태동에 영향을 주었다.

② 자선조직협회는 개별사회사업의 태동에 영향을 주었다.

③ 자선조직협회는 빈곤의 원인을 개인의 나태함과 게으름 등으로 보았다.

④ 인보관은 지역주민과 함께 거주하면서 사회개혁을 시도하였다.

⑤ 자선조직협회는 도덕적으로 의무를 강조하여 모든 빈민에게 도움을 제공하였다.

☞ 해설

자선조직협회는 구빈법에 근거하여 활동을 하였다. 모든 빈민에게 도움을 제공한 것

이 아니라 가치 있는 빈민과 가치 없는 빈민으로 나누어 선별적으로 도움을 제공

정답 ⑤

02) 사회복지실천의 역사에 관한 설명으로 옳지 않은 것은? (15회 기출)

① 우애방문자들은 빈곤가정을 방문하면서 상담 및 교육, 교화를 하는 역할을 수행한다.

② 우애방문자들은 빈민구제에 도덕적 잣대를 적용하여 빈민을 통제하고자 하였다.

③ 우애방문자들의 개입대상은 개인이나 가족이었다.

④ 자선조직협회는 연구와 조사를 통해 사회제도를 개혁해야 한다는 기본개념을 가
   졌다.

⑤ 인보관 운동은 빈곤의 원인을 산업화의 결과로 보았다.

☞ 해설

연구와 조사를 통해 사회제도를 개혁해야 한다는 기본개념을 가진 것은 인보관 운동

정답 ④

제4장
|
사회복지실천의 역사(2)

1. 서구의 사회복지실천의 역사적 발달과정

1) 사회복지실천 방법 통합기(1950년 전후~1960년 전후) - 부분 통합기 ★★★★

(1) 통합배경

① 기존의 전통적 3대 방법론의 한계가 대두됨(1929년 밀포드회의에서 시작)

② 다양한 사회복지실천 방법에는 사회복지사가 수행하는 어떤 공통적인 역할과 요소가 있다는 것을 전제하여 통합적 방법론이 등장함(3대 방법론이 사회복지 실천으로 통합)

　예) 펄만의 문제해결모델, 핀커스와 미나한의 4체계모델, 콤튼과 갤러웨이의 6체계 모델, 단일화모델, 생활모델

(2) 통합단계

① 초기단계는 전통적인 방법을 상황에 맞게 절충해서 통합하는 방법으로 이루어짐

② 이후 공통기반과 준거틀을 명확하게 하면서 공통기반을 완성함

③ 완성된 공통기반을 기초로 통합적인 사회복지 실천이론을 형성할 수 있게 됨

(3) 기타변화

① 2차 대전 이후 전쟁으로 인한 개인의 심리적, 정서적 문제가 가족의 해체, 청소년 비행 등의 가족문제가 제기됨

② 가족의 변화를 통해 개인의 행동과 태도에 변화를 주려는 가족치료에 관심을 둠

③ 1960년대에 이르러 개별사회복지사가 가족에게 개입

④ 가족에 대한 개입을 집단형태로 보기 시작함

⑤ 개별사회복지실천과 집단사회복지실천이 하나로 통합되기 시작

2) 발전기, 확장기(1960년대~1980년대) – 확대 통합기, 다양화 ★★★★

(1) 특징

① 1970년대에 들어서면서 빈곤뿐만 아니라 비행, 장애, 보건, 정신건강 등 다양한 문제가 등장

② 사회복지실천모델에 대한 연구가 활발하게 이루어졌고, 다양한 실천모델들이 출현하기 시작했음

③ 정신분석이론이나 자아심리학에 추가해서 일반체계이론, 생태체계이론 등이 통합화의 유용한 이론으로 등장함

④ 전통적 방법론으로부터 생태체계론적 관점에 입각한 새로운 방향으로 전환됨

⑤ 새로운 모델 등장 – 과제중심모델, 강점관점, 역량 강화, 체계이론 도입

(2) 관련 모델 및 실천 내용

① 4체계 모델(1973) – 핀커스와 미나한(Pincus & Minahan)

 – 포괄적 관점에서 클라이언트체계를 사정할 수 있는 기초를 제공함

 – 사회복지사는 실천과정에서 변화매개체계, CT체계, 표적체계, 행동체계라는 4가지 체계들과 상호작용할 수 있도록 해야 함

 – 복잡한 체계들과 연결되어 있는 사람들과 함께 임한다는 것을 강조함

② 단일화 모델 – 골드스타인(Gold Stein)

 – 사회체계모델, 사회학습모델, 과정모델들의 결합한 모델임

 – 사회학습에 관한 worker의 기능과 자원확보 및 활용능력을 통해 사회변화가 가

능함을 강조함

③ 문제해결 과정 모델(1983) - 콤튼과 갤러웨이의 6체계 모델
- 펄만의 문제해결모델(4P)에 체계이론을 접목한 통합모델임
- 문제해결 자체보다, 과정이나 단계에서의 활동에 중점을 둠
- 사회복지사는 클라이언트이 성장과정에 참여하여 클라이언트의 능력을 강화하고, 삶의 문제에 보다 효과적으로 대처하도록 하는데 중점을 둠

④ 생활모델(1980) - 저메인과 키터맨
- 개인과 환경의 상호 작용, 인간과 환경의 동시에 초점 제공됨
- 문제(스트레스), 개인적 장애 뿐 아니라 생활과 맥락 속에서 파악하는 통합적 관점으로 바라봄

⑤ 집단사회사업
- 19세기 초부터 20세기 초까지 집단사회사업이 싹트기 시작함
- 사회적 목표모델, 상호작용모델, 치료모델, 인본주의모델, 사회학습모델, 목표형성모델 등이 1960년부터 1970년대까지 성장하게 됨

⑥ 지역사회조직
- 지역사회조직에 의한 사회문제해결을 위한 사회행동이 1960년대부터 강조됨
- 사회행동으로 분명해진 사회적 욕구를 사회복지 서비스 계획으로 구체화할 것인가가 1970년대 중반에 중대한 문제로 대두되면서 사회계획이 강조됨

3) 통합 확장기(1980년 이후~현재)

(1) 통합 확장기(1980년 이후~현재)

① 절대적 진리나 설명적 연구에서 연구의 한계가 드러나게 됨
② 다중적 관점의 필요성 대두(다중적 개입 전략)됨
③ 다양한 관점들 수용하고 사회복지실천에 적용함
④ 클라이언트관점에 관심, 병리적 관점보다 강점 관점에 초점
⑤ 클라이언트의 상황에 맞는 역할 및 다중적인 개입전략을 강조
예) 임파워먼트 모델(역량강화), 생태학적 관심, 지역사회복지 실천 등

2. 한국 사회복지실천의 역사 ★★★★

1) 초기의 한국 사회복지실천

① 국가주도 구제정책: 고조선 – 조선시대

- 서구 사회복지실천의 역사적 기원은 고대와 중세시대로 보며, 우리나라는 고조
선시대부터 그 기원을 찾을 수 있음
- 고조선의 부조 활동에서부터 조선시대에 이르기까지 흉년이나 가난 등으로 인
해 백성들이 어려움에 처했을 때 국고의 비축양식을 풀어 백성들을 구제하는 등
국가주도 구제정책이 존재해왔음

② 근대적 사회복지 실천: 개화기~한국전쟁 이후(19세기 후반~20세기 중반)

※ 방면위원(1927)

- 일제에 의해 인보사업과 사회사업서비스 명목으로 도입
- 빈민생활상 조사
- 빈민원인 판명 적절한 구제방법 강구
- 근대적 개념의 사회복지실천은 개화기에 시작에 시작되어 한국전쟁 이후에 본
격화되었다고 볼 수 있음
- 한국전쟁을 계기로 서구의 선교단체와 해외 원조단체들이 대거 진출하여 비조
직적인 자선적이며 종교 우선적인 서구의 근대적 사회사업의 개념이 도입됨
- 한국전쟁 이후 외원단체들의 지원은 시설 중심의 사회복지를 발전시켰음
- 1950년 한국전쟁 후로 설립된 기독교 아동복지재단, 홀트아동복지회, 선명회 등
외국의 민간 원조단체를 중심으로 개별사회사업이 시작됨
- 외국 민간원조기관 한국연합회(KAVA)가 1952년 3월에 결성됨
- 미국 선교사들이 설립한 병원, 상담소에서 사회복지사를 고용하였고, 당시에는
심리치료를 주로 함

2) 사회복지실천의 영역별 ★★★★

(1) 교육 영역

① 1947년 이화여자대학교에서 정식교육기관으로 사회사업학과가 최초로 설립
② 한국사회사업교육연합회(현, 한국사회복지교육협의회)가 1965년에 태동함
③ 1953년 강남사회복지학교가 최초 훈련기관으로 설립(중앙신학교→강남대학교)
④ 1965년 한국사회사업교육연합회 설립(현, 한국사회복지교육협의회)

(2) 지역사회복지 영역

YMCA, YWCA를 중심으로 야학과 공장폐지운동, 금주단연운동, 농촌 문제 강연 및 강좌, 한글강습 등 민간차원이 사회교화사업 실시

① 태화여자관(현 태화기독교사회복지관)이 1921년에 설립된 것을 시작으로 지역사회복지사업이 시작
② [사회복지사업법]이 1983년 개정되므로 사회복지관의 설립 및 운영을 지원하는 근거가 마련되었으며, 2003년 부분 개정된 '지역사회복지협의체'가 만들어졌고, 여기서 지역단위의 복지계획을 수립하도록 하고 있음
③ 2010년에 지역사회복지협의체가 사회보장협의회로 변경됨

(3) 의료사회복지 영역

미군 병원과 미국기독교 선교사들이 설립한 병원을 통해 소개되면서 한국에 의료사회복지가 시작됨

- 1958년 한노병원: 최초의 의료사회 사업
- 1959년 국립의료원 기독병원: 의료사회사업시작
- 1973년 종합병원 의료사회복지사 채용 의무화 '대한의료사회사업가협회' 창립
- 2000년 '대한의료사회복지사 협회'로 변경

(4) 학교사회복지 영역

공식적인 학교사회복지사의 활동은 교육부에서 1997년 '학교사회사업 시범 연구사업'을 시작한 것에서 출발

- 1997년 한국 학교사회복지학회 설립
- 2000년 한국 학교사회사업실천가협회 창립

- 제1회 학교사회복지사가 자격시험이 2005년에 실시되었고, 2018년에 제14회 시험이 실시됨

(5) 공공영역

- 사회복지전문요원
  - 1987년부터 사회복지전문요원이 공공영역에 배치(사회복지전담공무원)
  - 1999년 10월 행정자치부에서 사회복지전문요원의 일반직 전환 및 신규 채용 지침을 승인
  - 별정직 사회복지전문요원을 일반직(사회복지직) 사회복지전담공무원으로 전환하였고, 2000년 1월부터 전직이 시행됨
  - 2004년 7월부터 전국 9개 시, 군, 구에서 사회복지사무소를 시범운영하면서 공공영역의 사회복지전문성 강화를 시도함

(6) 정신보건 영역

- 정신장애인의 격리, 수용보다는 사회복귀와 예방, 인권보호에 초점을 맞춘, [정신보건법]이 제정(1995.12.30)이 되고, 1996년부터 시행됨
- 1997년에 정신보건전문요원으로서 정신보건사회복지사 자격을 제정함(한국정신보건사회복지사 협회창립)
- 2002년 제1회 정신보건사회복지사 1급 승급시험실시

(7) 전문가협회

- 한국개별사회사업가협회가 1959년 창설함
- 한국사회사업교육 연합회가 1965년 설립됨
- 한국사회사업가협회가 1967년에 탄생하여, 1985년에 한국사회복지사 협회로 개창됨
- 대한의료사회사업가 협회가 1973년에 창립되어 2000년 대한의료사회복지사협회로 명칭을 변경함

(8) 가족복지 영역

- 가족복지정책의 주요 전달체계로서 다양한 가족지원 정책을 제안 및 실행하기 위해 건강가정지원센터가 설립되었으며, 건강가정기본법이 2004년 제정, 2005년 1월 1일부터 시행됨
- 건강가정기본법은 2005년 1월 1일 시행, 중앙건강가정지원센터 개소(2005년 1월 24일)
- 건강가정지원센터의 주무부로서는 여성가족부, 보건복지가복부로 시대 정책에 따라 변경되다가 2010년에 여성가족부에서 운영됨

3) 사회복지사 자격제도

(1) 사회복지사

- 1997년 개정된 [사회복지사업법]에, 국가자격시험을 2003년부터 실시
- 예비사회복지가 2급, 3급 사회복지사는 국가시험에 합격하여야 공인된 1급사회복지사의 자격을 취득
- 1급 사회복지사는 국가가 관련법에 의거하여 공식적으로 인정한 법정 국가자격임
- 사회복지사업법 제 11조
  사회복지에 관한 소정의 전문지식과 기술을 가진 자에게 사회복지사 자격을 부여
- 사회복지사자격종류
  사회복지사업법에는 사회복지사 1급, 2급, 3급으로 자격을 규정하고 있음
  ※ 2018년 4월부터 3급 제도는 폐지함(사회복지사 전문성 강화를 위해)

(2) 학교사회복지사

> 1997년: 한국학교사회복지학회 개설, 학교사회복지사 배치
> 2000년: 한국학교사회 사업 실천가 – 협회창립

- 한국사회복지사협회와 한국학교사회복지학회가 공동 주관하고 학교사회복지사

자격관리위원회에서 발급받을 수 있음
- 학교사회복지사 자격시험은 2005년부터 실시됨
- 시험은 필기시험과 면접시험으로 구성
  필기시험은 두 과목 합산 140점 이상, 과목당 50점 이상
  면접시험은 총 100점 중 70점 이상
  최종합격자는 필기시험과 면접시험 모두 합격하면 됨
- 시험에 합격하면 자격연수를 이수해야 자격증이 발급됨
- 시험에 응하기 전에 서류심사를 통과해야 함

(3) 정신건강사회복지사

정신보건법 제7조: 정신보건전문요원은 정신보건임상심리사, 정신보건간호사, 정신보건사회복지사이다.

① 사회복지사 1급 자격소지자로서 보건복지부장관이 지정한 전문요원 수련기관에서 1년 이상 수련을 하고 필기시험과 구술시험에 합격하면 2급 정신보건사회복지사자격증을 취득할 수 있음

② 2급 정신보건 사회복지사 자격 취득 후 정신보건시설 또는 보건소에서 5년 이상 정신보건 분야의 임상실무경험이 있는 사람은 승급시험을 통해 1급을 취득할 수 있음

③ 1998년부터 2급 자격이 시작되었고, 2003년에 1급 시험이 시행됨

④ 정신보건사회복지사는 법정국가자격임

⑤ 2018년 11월 23일 사회복지사업법 개정(정신건강사회복지사, 의료사회복지사, 학교사회복지사) 영역별로 자격부여(2년 유예)

4) 한국 사회복지와 외원단체

(1) 한국전쟁 이후의 외원단체

① 외원기간
- 기관의 본부가 외국에 있고 본부의 자원으로 국내에서 보건사업이나 교육사업, 생활보호, 재해구호 또는 지역사회개발 등을 하는 비영리기관

- 사업자원이 외국에서 마련, 외국에 의해 운영되는 기관
② 기독교아동복지회(Christian Children's Fund)
  - 현 어린이 재단: 1948년 내한, 전쟁고아 후원, 1986년 위임 후 철수
③ 선명회
  - 현 월드비전(world vision): 1953년 부산에 한국지부 설치, 국제 민간원조 단체
④ 양친회(Foster Parents' Plan)
  - 현 양친사회복지회
⑤ 동양선교회(Oriental Mission)
  - 1952년 내한 아동후원사업 전개
⑥ 홀트아동복지회(Holt Adoption program, HAP)
  - 1995년 12명 혼혈아동 입양으로 시작

(2) 한국외원단체협의회(카바, KAVA: Korea Association of Voluntary Agencies)

1952년 7개 기관이 모여 개별적으로 운영되어 오던 사업형태를 통일하고 좀 더 효과적인 원조를 실시하기 위하여 결정 1952년 7개 기관이 모여 카바를 결성
  - 카바의 구성: 카바는 의결기관으로서 기관대표로 구성된 자문위원회, 사회복지분과위원회, 교육분과위원회, 지역사회분과위원회, 구호분과위원회, 보건분과위원회, 소분과위원회로 구성되어 있음

(3) 외원단체 활동의 계승

1970년에 들어서면서 외원단체들은 사업을 종결하고 한국을 떠나가 시작하였는데, 이는 한국이 경제사정이 좋아지면서 외원단체에 대한 의존도가 감소하였고, 전쟁 이후 응급구호적인 활동의 의미도 퇴색되었기 때문임

01) 우리나라 사회복지실천의 역사에서 가장 최근의 일은? (11회 기출)

① 정신보건사회복지사제도 시행   ② 사회복지전문요원제도 신설

③ 한국사회복지사협회 창립   ④ 한국사회사업교육연합회 창립

⑤ 태화여자관 설립

☞ 해설

정신보건사회복지제도 시행: 1997년 따라서 가장 최근에 있었던 일은 정신보건사회
복지사제도 시행, 2018년 영역별 자격부여 개정

② 사회복지전문요원제도 신설: 1987년, ③ 한국사회복지사협회 창립: 1967년, ④ 한
국사회사업교육연합회 창립: 1965년, ⑤ 태화여자관 설립: 1921년   정답 ①

02) 우리나라 사회복지실천의 발달과정을 순서에 따라 나열한 것으로 옳은 것은? (13회 기출)

ㄱ. 최초의 한국사회사업가협회가 탄생되었다.
ㄴ. 대학에서 정규 사회복지 교육이 시작되었다.
ㄷ. 사회복지전문요원제도가 시작되었다.
ㄹ. 사회복지사 1급 국가시험이 시작되었다.

① ㄱ→ㄴ→ㄷ→ㄹ   ② ㄱ→ㄴ→ㄹ→ㄷ   ③ ㄴ→ㄱ→ㄷ→ㄹ

④ ㄴ→ㄷ→ㄹ→ㄷ   ⑤ ㄴ→ㄷ→ㄱ→ㄹ

☞ 해설

ㄱ. 최초의 한국사회사업가협회가 탄생 – 1965년 개별사회사업가 협회 창립총회,
     1967년에 한국사회사업가협회로 개칭하여 창립총회

ㄴ. 대학에서 정규 사회복지 교육 – 1947년 이화여자대학교

ㄷ. 사회복지전문요원제도 – 1987년

ㄹ. 사회복지사 1급 국가시험 – 2003   정답 ③

제5장

|

사회복지실천현장에 대한 이해

1. 사회복지실천의 현장

1) 사회복지실천현장의 개념

(1) 좁은 의미의 사회복지실천현장

사회복지실천이 이루어지는 '구체적인 장소' 또는 사회복지 서비스를 직, 간접적으로 클라이언트에게 제공하는 사회복지 기관을 의미함

예) 종합사회복지관, 장애인복지관, 노인복지관 등

(2) 넓은 의미의 사회복지실천현장

사회복지실천이 이루어지는 '분야(Field)' 혹은 서비스의 초점이 되는 '문제', '대상집단' 등을 모두 포함하는 개념임

※ 단순히 물리적인 공간이나 장소만을 뜻하는 것이 아니라 사회복지실천이 이루어지고 있는 실천분야, 사회복지서비스를 제공하기 위해 직, 간접적으로 관련되는 모든 분야를 의미함

2) 사회복지실천현장의 분류 ★★★★

① 분류기준: 유형

② 기관의 기능 혹은 목적: 1차 현장, 2차 현장

③ 기관 설립주제 및 재원조달방식: 공공기관, 민간기관

④ 서비스 제공 방식: 서비스기관, 행정기관

⑤ 주거서비스 제공: 생활시설, 이용시설

⑥ 이윤추구여부: 영리기관, 비영리기관

⑦ 서비스 영역: 노인, 여성 및 가족, 장애인복지, 의료분야, 소득보장 등

(1) 기관의 기능 혹은 목적에 따른 분류 ★★★★★

① 사회복지실천 1차 현장

- 기관의 일차적 기능은 사회복지서비스를 제공하기 위한 것으로 사회복지사가
  중심이 되어 활동하는 실천현장을 의미함

  예) 지역사회 노인복지관, 사회복귀시설, 아동양육시설 등

② 사회복지실천 2차 현장

- 기관의 일차적 기능은 따로 있으며, 필요에 의해 사회복지서비스를 제공하는 것

- 사회복지전문기관은 아니지만, 사회복지서비스가 기관의 목표달성과 서비스의
  효과성에 미치는 긍정적 영향이 인정되어 사회복지실천이 부분적으로 수행되는
  실천현장을 의미함

  예) 의료기관, 교정시설, 학교, 읍. 면. 동의 주민센터, 행정기관, 군대, 보건소,
  요양시설, 어린이집, 기업체 등

(2) 기관 설립주체 및 재원조달 방식 ★★★

① 공공기관

- 정부지원으로 운영되며, 사회복지사 업무도 정부의 규정이나 지침에 따라 지도,
  감독을 받음

- 서비스를 계획하고 관리, 지원하는 행정체계와 서비스를 직접 제공하는 집행체
  계로 나눔

② 민간기관
- 사회복지 관련 사업을 목적으로 사회복지법인, 재단법인, 사단법인, 종교단체, 시민사회단체 등에서 운영하는 비영리기관을 총칭함
- 기부금이나 후원금 기타 서비스 이용료 등을 주요 재원으로 하는 사회복지사업법 등에 의해 운영되는 법인, 협의체, 사회복지서비스 기관
③ 사회복지법인, 사단법인, 재단법인, 종교단체, 시민사회단체

(3) 서비스 제공 방식
① 행정기관: 간접서비스 제공
- 사회복지서비스 전달체계를 효율적으로 운영하기 위해 행정업무를 수행하고 기관 간의 협의 및 연계 업무를 담당함
    예) 보건복지부, 고용노동부, 민간행정조직(한국사회복지사협회, 복지관협회 등)
② 서비스 기관: 직접 서비스 제공
- 클라이언트에게 직접 서비스를 제공하는 것을 목적으로 함
    예) 지역사회복지관, 노인복지관, 장애인복지관, 보육시설 등

(4) 주거서비스 제공 여부
① 생활시설
- 주거서비스를 포함한 사회복지서비스를 제공하는 기관을 말함
    예) 장애인생활시설, 보육원, 청소년 쉼터, 치매요양센터, 양로시설, 그룹 홈 등
② 이용시설
- 자신의 집에 거주하는 클라이언트 대상으로 사회복지서비스를 제공하는 기관으로 주거서비스는 제공하지 않음
- 따라서 자신의 집에 거주하는 클라이언트를 대상으로 사회복지서비스를 제공하는 기관을 말함
    예) 재가복지센터, 장애인 복지관, 청소년상담센터, 치매주간보호센터, 상담소, 복지관, 자활지원센터 등

3) 우리나라 사회복지실천현장과 인력

(1) 행정기관

① 공공기관

- 보건복지부→시, 도→시, 군, 구→읍, 면, 동으로 이어지는 사회복지전달체계, 사회복지서비스의 지원기관으로 간접서비스를 제공함
- 1987년부터 사회복지전문요원은 사회복지사 자격소지자로서 구청, 읍, 면, 동사무소에 배치되어 대인서비스 등 직접서비스를 제공함

② 민간기관 ★★

- 사회복지 관련 사업을 목적으로 사회복지 법인이나 재단법인, 종교단체, 시민사회단체 등이 운영하는 비영리기관을 말함
- 대표적 민간기관에는 한국사회복지협의회, 사회복지공동모금회, 한국사회복지협의체(한국사회복지사협회, 한국사회복지관협회) 등이 있음
- 직능별 단체로는 부랑인, 아동복지시설연합회, 노인복지시설연합회, 장애인재활협회, 장애인복지관협회, 치매협회 등이 있음

(2) 우리나라 사회복지실천현장의 발전

① 우리나라 사회복지실천은 1950년대 한국전쟁 이후 외국의 민간원조단체들이 들어옴으로써 미국식 사회복지실천방법으로 시작됨
② 한국의 사회복지실천현장은 생활시설을 중심으로 한 사회복지서비스가 발달하였기 때문에 사회복지시설의 종류에 따라 주요 사회복지실천분야들이 형성됨
③ 1980년대 후반부터 지역사회복지관이 전국적으로 생겨나기 시작하면서 이용시설이 증가함
④ 사회복지실천현장은 점점 다양화되고 세분화되고 있음

2. 사회복지사의 역할 ★★★★★

1) 사회복지사의 역할(밀리와 동료 등)

- 사회복지사가 개입하는 수준을 대상에 따라 미시적(개인, 가족), 중범위(기관, 조직), 거시적(지역사회, 사회), 전문가(전문가 집단) 네 가지로 구분함
- 사회복지사가 담당하는 기능에 따라 상담, 자원관리, 교육으로 구분하여 12가지 역할을 제시함

(1) 미시적 차원(개인, 가족) – 조력자, 중개자, 옹호자, 교사

① 중개자(broker) ★★★
- 중개자는 도움을 필요로 하는 클라이언트와 자원 및 서비스를 연결하는 역할을 함
- 사회복지사는 자원에 대해 파악하고 있어야 함

② 클라이언트 옹호자(Client advocate) ★★★
- 옹호란?
  사회정의를 지키고 유지하려는 목적으로 개인, 집단, 지역사회의 입장에서 직접적으로 대변, 개입, 지지하려는 행동을 포함함
- 사회복지사는 클라이언트를 위해 일을 진행, 대변
- 클라이언트가 필요한 것을 얻을 힘이 거의 없을 때나 좌절할 때

③ 조력자(enabler) ★★★
- 클라이언트가 자기 스스로 문제를 해결할 수 있는 능력을 기르고 필요한 자원을 찾아낼 수 있도록 능력을 개발하도록 지원함

④ 교사/교육자(teacher)
- 클라이언트의 사회적 기능, 문제해결 능력이 향상
- 교육적인 프로그램, 정보를 제공, 기술을 가르치는 것

(2) 중범위 차원(기관, 조직) – 촉진자, 중재자, 훈련가

① 집단촉진자(group facilitator)
- 집단촉진자는 다양한 집단에 개입하여 집단과정이 활발하게 일어날 수 있도록 하는 역할을 수행함

② 중재자(Mediator) ★★★
- 양자 간의 논쟁에 개입하여 타협, 차이점 조정 혹은 상호 만족스러운 합의점을

도출해내는 역할을 함

　- 사회복지사는 중립을 유지하며 논쟁에서 어느 한쪽 편을 들어서는 안 됨

③ 훈련가(trainer)

　- 전문가를 양성하기 위해 교육, 워크숍, 사례발표, 슈퍼비젼 등의 활동에 참여하
여 전문가 교육, 훈련을 담당

(3) 거시적 차원(지역사회, 사회) - 계획가, 행동가, 현장 개입가

① 계획가(planner)

　- 정책 또는 거시 차원에서 지역사회나 사회구조에 관심을 가짐

　- 주민 욕구를 파악하고, 기존 서비스를 개선하는데 필요한 정책, 서비스를 개발하
고 프로그램을 계획함

② 활동가/행정가(activist)

　- 인간의 욕구에 좀 더 만족할 수 있도록 환경을 변화시키기 위해 지역사회의 욕구
를 조사, 분석하고 그 결과를 알리며 대중의 힘을 동원하기 위해 사람들은 조직
하는 것을 말함

③ 현장개입가(outreach)

　- 서비스를 필요로 하는 개인들을 파악하고 서비스 대상자가 적절한 서비스를 찾
을 수 있도록 원조하기 위해 지역사회에 들어가서 활동하는 것을 말함

(4) 전문가집단의 차원 - 동료, 촉매자, 연구자 / 학자의 역할

① 동료(colleague)

　- 건전한 사회사업 실무나 전문직의 발전을 위해 전문가로서의 윤리나 기준을 지
키고 전문가조직의 참여를 통해 전문가 상호 간의 지지를 제공하는 역할

② 촉매자(cataiyst)

　- 전문가 차원에서 보다 효과적인 서비스 전달체계의 발전을 위한 활동을 하는 것

　- 올바른 사회적, 환경적 정책 변화를 위해 사회복지 전문직뿐만 아니라 타 전문직
에 협조를 구함

　- 전문가 조직을 통한 국가적, 국제적 활동을 하기도 함

③ 연구자/학자(researcher/scholar)
  - 사회복지사가 자신의 실천활동을 평가하며 프로그램 혹은 서비스의 장단점을 사정하고 지역사회를 연구하고 조사하는 역할
  - 지역사회욕구 조사 등의 활동을 통해 전문직 이론을 발전시키고 사회복지 실천 만 프로그램을 향상시키는 역할

(4) 사회복지사의 활동
  - 관리자, 분석자, 평가자, 중개자, 촉진자, 협상가, 옹호자
  - 조력자: 위기대체 자원
  - 중재자: 체계간 논쟁이나 갈등해결
  - 통합자, 조정자: 옹호와 조정 가능성 파악, 기술적 자원, 서비스 연계 및 수행

(5) 개입수준에 따른 역할 ★★★★
  - 미시차원: 개인/가족, 조력자, 중개인, 교사
  - 중범위차원: 조직/공식적 집단, 촉진가, 중재가, 훈련가
  - 거시차원: 지역사회/사회, 계획가, 해동가, 현장개입가
  - 전문가집단차원: 사복전문가집단, 동료, 촉매자, 연구자/학자

01) 1 사회복지실천의 2차 현장은? (14회 기출)

① 사회복지관 　　　　② 보호관찰소 　　　　③ 노인복지관

④ 장애인복지관 　　　⑤ 자활지원센터

☞ 해설

사회복지실천의 1차 현장은 사회복지서비스를 제공하기 위한 현장으로서 사회복지관, 노인복지관 등이 해당. 2차 현장은 기관의 목적은 따로 있으며, 필요에 의해 부분적으로 사회복지서비스를 제공하는 기관

정답 ②

02) 생활시설에 해당하는 것은? (15회 기출)

① 아동보호치료시설 　　　② 아동보호전문기관

③ 영유아보육시설 　　　　④ 지역아동센터

⑤ 가정위탁지원센터

☞ 해설

생활시설은 주거서비스를 제공하는 시설이다. 아동보호치료시설은 아동에게 보호 및 치료 서비스를 제공하는 시설인데, 불량행위를 하거나 불량행위를 할 우려가 있는 아동으로서 보호자가 없거나 친권자나 후견인이 입소를 신청한 아동 또는 가정법원, 지방법원청소년부지원에서 보호 위탁된 아동을 입소시켜 치료와 선도를 통하여 건전한 사회인으로 육성하는 것을 목적으로 하는 시설, 정서적, 행동적 장애로 인하여 부모로부터 일시 격리되어 치료받을 필요가 있는 아동을 보호, 치료하는 생활시설이다

정답 ①

제6장
|
사회복지실천 대상과 문제

1. casework(개별사회사업) ★★★

1) casework의 등장배경

- 사회복지사가 전문화되기 훨씬 이전부터, 인보관에서 활동하거나 또는 자선조
  직협회(COS)를 통해 우애방문가로 활동하던 사회복지사들은 개인, 가족, 집단,
  지역사회 대상으로 원조서비스를 제공함
- 19세기 후반과 20세기 초, 구체적인 실천기술보다는 단순히 상식적인 수준에서
  개별 상황에 필요하다고 여겨지는 활동 수행
- 메리 리치몬드(1917)가 사람들을 돕는 개별사회사업(Casework)를 조직화하고
  이를 반복 훈련, 가르침으로써 개별사회사업 혹은 개인을 대상으로 한 실천이 이
  루어지게 됨

2) Casework의 정의

(1) 리치몬드(Richmond)의 정의

① 개인의 욕구충족과 인격개발을 목적으로 한 미시적이고 치료적인 과정임을 강조

② 개인의 기능에 영향을 미치는 환경의 영향을 인식하며 개인의 부적응에 대한 치료적 개입을 강조

(2) 펄만(Perlman) - 6P

① 개별사회사업의 목적은 치료가 아니라 현재의 문제에 대처하는 개인의 능력을 향상시키는 것
② 사회복지실천의 구성요소를 분석하여 네 가지로 요약
 - 4p는 문제(problem), 사람(person), 장소(place), 과정(process)임
 - 이후 두 가지를 추가하여 전문가(professional)와 제공물 또는 제공차원(Provisions)을 제시함 - 6P

2. 개인 대상 사회복지실천 ★★

1) 등장배경

① 사회복지실천의 초기 단계에 사용된 개별사회사업(Casework)은 개인의 부적응에 대한 치료적 개입을 강조
② 사회문제에 대한 거시적 접근보다는 개별화된 문제에 대한 적응에 초점을 두는 미시적 접근이 중심
③ 통합적 접근이 대두되면서, 개인 대상의 실천이라는 용어로 바뀌었고, 개입의 영역도 점차 다양화하면서 확대되고 있음

2) 특징

① 개인을 일대일 방식으로 도움으로써 개인 문제와 사회문제를 해결하려는 것을 목표
② 예방보다는 치료적 입장에서 문제해결을 증시
③ 개인이 환경에 적응하도록 돕고 혹은 그들에게 불리한 사회경제적 압박을 변화시키도록 도움
④ 클라이언트의 문제에 초점을 두고 클라이언트와 개별화된 원조과정을 진행함

⑤ 클라이언트의 문제를 해결하기 위해 사회복지사와 전문적 관계를 맺으며, 클라이언트와 사회복지사 간의 관계를 중요시함

3. 집단(체계)과 문제 ★★★

1) 집단의 정의
① 공통의 관심사를 지닌 2인 이상의 일정한 구성원이 성원들의 소속감 및 공통의 목적이나 관심사를 가지며, 성원들끼리의 정서적 결속과 함께 상호 의존적이며, 상호작용이 이루어지고, 성원의 기능과 역할을 규제하는 규범을 갖고 있는 인간 집합체를 말함
② 집단은 상호 접촉하고 있으며, 서로 배려하고, 의미 있는 공통성을 가진다고 의식하는 개인들의 복합체임

2) 집단의 유형
(1) 상호작용과 정서적 결속 정도에 따른 분류
① 일차집단
  - 매우 친밀하고 자주 긴밀하게 개인적으로 접촉하면서 관계를 맺는 가족, 친구, 소규모 집단 등을 말함
  - 공통의 규범을 갖고 있고, 상호 지속적으로 광범위한 영역에 걸쳐 영향을 미치는 사람들로 구성되어 있음
② 이차집단
  - 목적을 달성하기 위해 인위적으로 계약에 의해 형성된 집단
  - 직접 대면해서 접촉하는 경우는 드물거나, 혹은 직접 접촉하지 않는 경우도 있음
  - 공식적으로 연관되어 있고 약간의 관심만 공유하고 있음

(2) 구성 동기에 따른 분류
① 인위적 형성집단(formed group)

- 외부의 영향이나 개입을 통해 의도적으로 만들어진 집단
- 집단의 목적 성취를 위해서는 일반적으로 외부의 후원이나 협력이 필요함
  예) 치료집단, 위원회 등
② 자연발생 집단(natural group)
- 자연적으로 발생한 사건이나 인간관계상의 매력 혹은 성원의 욕구 등을 기초로 해서 자연발생적으로 구성된 집단을 말함
  예) 가족, 또래집단, 친구들, 갱 집단 등

(3) 집단의 목적에 따른 분류 ★★★
① 치료집단(treatment group)
- 집단성원의 교육, 성장, 지지, 행동변화, 사회화 등 성원의 사회 정서적 욕구를 충족시키려는 목적을 가짐
- 한 집단은 여러 가지 목적을 동시에 갖기도 함
- 치료집단은 일반적으로 자기개방수준이 높고, 공개적인 의사소통과 적극적 상호작용을 위해서 성원을 격려함
- 집단과정은 집단에 따라서 유동적이거나 형식적임
- 집단의 성공 여부는 성원들의 치료적 목표가 성공적으로 달성되었는가에 근거함
- 목적에 따라 지지집단, 성장집단, 교육집단, 사회화집단, 치유집단으로 구분됨
- 치료집단은 교육, 성장, 치유, 사회화 등을 목적으로 하며, 한 가지 이상의 목적을 동시에 갖기도 함
② 과업집단(task group)
- 과업집단은 과업의 달성을 위해서, 성과물을 산출하기 위해서, 명령을 수행하기 위해서 만들어진 집단임
- 과업집단의 목적은 조직적인 문제에 대한 해결책을 찾고 새로운 아이디어를 만들어 내며 결정을 내리는 것임
- 집단성원의 개인적인 성장보다는 방침을 만들어 나가면서 의사를 결정하고 산출물을 만들어 내는 것에 초점이 주어짐

– 사회복지사는 클라이언트의 강점과 자원을 강조하면서 클라이언트의 관심사를 처리하는 협의회에 초점을 맞추면서 클라이언트에 대한 서비스의 질을 높이기 위해 행동함

예) 팀, 처리위원회, 직원발전집단 등이 있으며 위원회나 자문위원회, 이사회, 사회행동집단, 연합체, 대표위원회, 행동집단, 협의회 치료회의 테스크포스팀, 사례회의 등

(4) 목적에 따른 치료집단의 유형 ★★★

① 지지집단(support group)

– 집단성원들이 생활사건에 대처하고 이후에 효과적으로 대처할 수 있는 능력을 향상시킬 수 있도록 원조하는 것을 주요 목적으로 함

– 일반적으로 유사한 문제를 경험한 사람들로 구성되기 때문에 유대감이 형성이 용이하며, 자기 개방 수준이 매우 높음

– 사회복지사의 역할: 집단지도자인 사회복지사는 집단성원들이 상호원조하면서 지지와 정보를 제공하고, 대처기술을 향상할 수 있도록 동기화시킴

– 이혼한 부부의 자녀로 구성된 집단, 암환자는 환자의 가족들이 질병과 그로 인한 영향 등에 대해 대처하는 방법을 토론하는 집단, 자녀 양육의 어려움에 대해 공유하는 한 부모집단 등이 있음

– 삶에서 자차 일어난 사건에 효과적으로 적용하기 위해 대처기술을 발전시킴으로써 성원들이 삶의 위기에 대처하도록 돕는 집단을 말함

– 지도자인 사회복지사는 집단성원들이 상호원조하면서 지지와 정보를 제공하고 대처기술을 향상할 수 있도록 동기화함

예) 이혼 가정의 취학 아동모임, 암환자 가족모임 등

② 교육집단(education group)

– 집단구성원들이 자기 자신과 자신이 속한 사회를 잘 이해할 수 있도록 교육을 통해 원조하는 것을 목적

– 정보의 전달과 교육을 목적으로 하기 때문에 강의형태로 많이 이루어지며, 성원 간의 상호작용이 많지 않기 때문에 성원 간 자기노출의 정도는 높지 않음

－ 병원, 학교, 교정기관 등에서 활용되며, 청소년 성교육 집단, 예비 부모교육을 받는 미혼성인집단, 입양에 관심을 갖고 입양에 대해 정보를 얻고자 하는 사람들로 구성돈 집단 등이 있음

－ 집단 성원들에게 기술과 정보를 제공하는 것으로 주로 전문가의 강의와 교육이 중심이 되고 교육의 효과를 강화하기 위해 집단토론의 기회를 제공함

③ 성장집단(growth group)

－ 성원들의 자기인식 증진과 사고의 변화를 목적으로 함

－ 개인의 능력과 자기의식을 넓히고 개인적인 변호를 이끌어낼 수 있는 기회를 제공하면 자아향상에 초점을 둠

－ 성원들로 자신의 능력을 최대한 발휘하기 위한 도구로서 의미를 지니며 질병의 치료보다는 사회정서적 건강의 증진이 중요시 됨

－ 성장집단의 초점은 인식을 증진시켜 행동과 태도의 변화를 일으킨다는 점이며, 병리적 현상을 치료한다기보다 심리적 건강을 증진시킨다는 데 중점을 둠

    예) 참만남집단, 퇴직 준비집단, 잠재력 개발집단, 부부의 결혼생활 향상 집단, 청소년 대상의 가치, 명료화 집단 등

④ 치유집단(therapy group)

－ 집단구성원의 행동변화와 개인적인 문제와 완화나 제거 등을 목적으로 함

－ 성원들은 자신의 문제를 해결하기 위해 집단 활동을 하며 사회복지사는 권위적 인물 또는 대리인으로서의 역할을 수행함

－ 집단성원의 자기노출 수준이 높지만 개별성원의 문제 정도에 따라 달라질 수 있음

－ 공황장애 치료를 받는 외래환자로 구성된 집단, 금연집단, 약물중독자 치료집단 등이 있음

－ 치유집단은 행동을 변화시키거나 개인적 문제를 완화하거나 대처하는 집단으로 사회적, 의학적 충격으로 인해 재활을 목적으로 집단성원을 돕는 것임

    예) 마약중독자 집단 등

⑤ 사회화집단(socialization group)

－ 사회적 관계에서 어려움을 겪는 경우 사회적 기술을 습득하고 사회생활에 효과적으로 기능할 수 있도록 원조하는 것을 목적으로 함

- 과잉행동 주의력 결핍아동을 대상으로 하는 활동집단으로 퇴원한 정신장애인을 위한 사교집단 등이 있음
- 사회화집단을 다시 사회기술 훈련집단과 자치집단, 여가 집단으로 나눔
- 사회관계에 어려움이 있는 집단성원이 사회에서 수용 가능한 태도와 행동을 습득하도록 돕는 것임
  예) 시설에서 퇴소한 사람들의 사교모임

(5) 자조집단(self - help group)

① 자조집단을 지지집단의 한 유형으로 구분하는 학자도 있고, 지지집단과는 다른 집단으로 구분하기도 함
② 알코올, 마약 등 약물이나 암 또는 비만과 같은 핵심적인 공동 관심사가 있다는 점에서 지지집단과 유사함
③ 일반적으로 자조집단은 전문가가 간접적으로 역할을 수행하기 때문에 사회복지사가 주도적인 역할을 하지는 않음
④ 사회복지사는 물질적 지지를 제공하거나 다른 체계와의 연결, 자문, 정보와 지식, 자원 등을 알려주는 자문기능 등의 역할을 함
⑤ 집단을 이끌어 가는 실질적인 역할은 자조집단의 성원이 함
  예) 단주친목모임 등

(6) 집단의 기능에 따른 모델(=집단 사회복지실천모델) ★★★

① 사회적 목표모델(Social Goals Model)
  - 민주주의, 사회의식, 사회적 책임을 유지, 발달시키려는 사회적 목표를 강조함
  - 집단사회복지사의 역할은 집단의 민주적 기능을 증진시키는 상담자 또는 회의 주최자일 수 있음
  - 사회적 목표모델은 인보관의 집단사회사업에 근거를 두고 있고, 오늘날 이것은 흔히 공공주거단지에서 주민 자신들이 범죄에 대항하기 위해 조직한 집단에서 찾을 수 있음
  - 지역사회 환경감시단, 주민방범대

② 상호작용모델(Reciprocal)
  - 이 모델은 초점은 개인과 집단 간의 상호 또는 공생적 관계임
  - 사회복지사는 개인과 집단의 관계나 경계의 불균형을 방지하고, 상호 원조체계
    가 되는 방법을 배우도록 집단의 변화를 위해 힘을 늦출 수 있게 돕는 조력자이
    거나 중재자임
  - 상호작용모델 또는 상호원조모델은 사회복지사가 구성원과 권력을 공유하고,
    집단에 대한 통제권을 공유할 것을 요구함
  - 지지집단은 상호작용모델에 속함
③ 치료모델(Remedial Model)
  - 치료모델의 초점은 집단을 통해 개인을 치료하는 것임
  - 집단은 개인의 목적을 달성하는 하나의 방법이거나 관계상황이고, 집단구조와
    집단과정에서의 변화는 그 자체가 목적이 되기보다는 목적을 위한 수단이 됨
  - 사회복지사가 집단형성과 운영에 막대한 힘과 영향을 행사함
  - 집단구성원은 집단의 목적에 따라 집단을 구성하도록 지침을 받은 사회복지사
    에 의해 선택됨
  - 부부의사 소통집단, 주장 훈련집단

01) 집단의 종류와 모델에 관한 설명으로 옳은 것은?   (11회 기출)

① 지지집단 성원의 자기표출 정도는 낮다.

② 사회적 목표모델은 개인의 치료에 초점을 둔다.

③ 치료모델은 민주시민의 역량 개발에 초점을 둔다.

④ 과업달성을 목적으로 구성된 집단이 치료집단이다.

⑤ 상호작용모델에서 사회복지사는 중재자의 역할을 담당한다.

☞ 해설

상호작용모델은 성원 간 자조와 상호원조체계 개발을 중요시하므로 사회복지사는 중재자의 역할을 담당.

정답 ⑤

제7장
|
가족(체계)과 문제

1. 가족의 개념

1) 가족개념의 다양성 ★★★
① 인간이 발전시켜 온 기본적인 사회제도 가운데 가장 오래된 것으로써 인간의 성장과 발달에 필요한 것을 가르치고 양육하는 일차적 집단
② 가족이란 서로에 대한 의무를 가지고 함께 거주하는 사람으로 구성된 일차집단임
③ 가족은 공동 주거 또는 경제협력 및 출산의 기능을 하는 하나의 사회집단 성관계가 허용되는 최소한의 성인 남녀와 그들에게 출생하였거나 양자로 된 자녀로 이루어짐
④ 가족은 전통적으로 혈연, 입양 혹은 혼인을 기반으로 하는 일차적인 집단임
⑤ 가족이란 그들 스스로를 가족으로 정의하고 지속적으로 서로에게 가족체계의 핵심적인 요소로 간주되는 의무감을 주는 둘 이상의 개인으로 구성된 집단임
  ※ 이는 편모가정, 확대가족, 혈연, 입양, 결혼 등으로 제한되지 않는 친족의 개념, 레즈비언과 게이부부 그리고 그들의 아이들을 포함하는 가족형태의 다양성을 인정하는 개념임

2) 가족의 기능

① 정서적 지지 제공기능

② 경제적 기능

③ 세대 유지와 사회화 기능

④ 지위와 역할부여 기능

2. 가족체계의 정의와 특징

1) 가족체계의 정의와 특징 ★★★★

(1) 가족체계의 정의

① 체계란?

    '상호 의존적이며 상호 영향을 주고받는 부분들로 구성되어 있는 전체'를 의미함

    – 가족을 체계로 보는 관점에서는 가족도 다른 사회체계와 마찬가지로 사회환경
과 상호작용하며, 발달 주기에 따라 변화하는 하나의 개방된 '체계'로 인식함

② 가족 내의 상호작용적 체계의 유형과 관계 형태에 관심을 둠

    – 가족 내 구성원의 변화는 모든 가족 성원에게 영향을 미치며 가족은 보다 큰 사
회체계에 속하고 많은 하위체계를 포함하며, 사회적 규칙에 따라 움직임(홀론)

    – 일반체계이론의 주요 핵심은 '전체는 부분의 단순한 총합 그 이상'이라는 개념
을 가지고 있음(비총합성)

(2) 가족체계의 특징

① 가족구성원은 가족 내에서 상호 의존 상태에 있는 다양한 위치를 가짐 〉 지위, 행
동, 다른 성원의 역할에서의 변화는 다른 가족원의 행동변화를 초래함

② 가족과 가족 외부체계를 구분하는 경계의 두께는 엄격함과 침투성의 정도에 따라
다양함

③ 전체로서의 가족은 각 부분의 합 이상임(비총합성)

④ 가족은 변화와 안정성의 균형을 맞추기 위해 노력함(향상성)

⑤ 가족 내 한 구성원의 변화는 모든 가족성원에게 영향을 미침

⑥ 가족성원의 행동은 순환인과관계로 가장 잘 설명됨

⑦ 가족은 보다 큰 사회체계에 속하며 많은 하위체계를 포함함(홀론)

⑧ 가족은 기존의 규칙에 따라 움직임

3. 가족체계의 주요 개념 ★★★

① 하위체계: 상호의존적 하위체계 복합체

② 가족항상성: 안정된 상태, 회귀경향

③ 순환적 인과성: 가족 내 한 성원의 변화로 가족 전체변화

④ 환류고리(feedback loop): 적극적(긍정적)/소극적(부정적) 환류

⑤ 가족규범: 가족들 간 지켜야 할 의무나 태도에 관한 지침, 권리

⑥ 경계: 내부와 외부를 구분해 주는 테두리

1) 하위체계(subsystem)

① 하위체계는 전체로서의 하나의 체계 안에서 특정한 기능 및 과정을 수행하도록 배당된 부분들로 가족은 좀 더 큰 사회체계에 속하며 많은 하위체계를 포함함

② 건강한 가족은 하위체계 간 경계가 혼돈되지 않고 분명하며, 하위체계의 구성원이 고유의 역할과 기능을 충실히 수행함

③ 핵가족은 사회체계라는 상위체계의 하위체계임과 동시에 더 낮은 개인체계의 상위체계임(홀론)

④ 부부하위체계, 부모 – 자녀 하위체계, 형제자매체계, 개인하위체계 등 하위체계를 가지고 있음

2) 가족항상성 ★★★

① 체계는 스스로 평형/균형상태를 유지하려는 경향 혹은 내적 기제를 갖고 있는데 이를 항상성이라는 하고, 가족이 안정된 상태로 돌아가려는 경향 또는 균형을 이

루려고 하는 속성을 가족향상성이라고 함

② 모든 가족은 구성원들의 행동이나 태도를 상식적인 수준으로 제한하고 균형이 깨지려 하면 다시 유지하려 함

③ 가족향상성은 위기이론과 관련이 있는데 가족은 위기상황 이후에 정상적인 기능 수행으로 되돌아가려는 경향이 있음

④ 사회복지사는 상호작용 패턴을 재조직하고 이러한 패턴을 조절하는 새로운 규칙을 만들어냄으로써 새로운 균형 상태를 유지하게 함

　예) 부부갈등이 있는 부부가 자녀의 식욕과다 증상에 초점을 맞춤으로써 안정 상태를 유지하려 함

3) 순환적 인과성(순환적 인과관계) ★★★

① 가족 내 한 성원의 변화는 다른 성원을 반응하게 하는 자극이 되고 이 자극은 다른 가족에게 영향을 미치게 되어 전체에 영향을 주게 됨

　※ 이 영향은 처음 변화를 유발한 성원에게 다시 순환적으로 영향을 미친다는 개념임

② 가족성원의 행동이 단순히 원인 – 결과, 자극 – 반응 이라는 단선유형보다 순환적인 반응으로 보는 것임

③ 순환적 인과성에 따라 가족문제를 해결하기 위해서는 "왜" 보다는 "무엇을" 하느냐에 초점을 두어야 함

　즉, 문제의 원인(왜?)보다는 문제를 유지하는 가족의 상호작용(무엇을)에 초점

④ 가족 내 한 성원이 변하면서 문제의 근원이 되는 성원은 물론 가족 전체가 변하고, 따라서 문제가 해결될 수 있음

4) 환류고리(feedback loop)

① 가족은 현재의 평형상태를 유지하려는 경향을 갖고 있는데, 주로 의사소통을 통해 조절하거나 환류(feedback) 를 통해서 이 상태를 유지하려고 함

② 가족은 가족규범을 만들고 강화함으로써 향상성을 유지하려고 함

　가족구성원들은 환류고리에 따라 규범을 강화하기도 하고 가족규범에서 벗어나려는 행동을 부적 환류 과정을 통해 저지하며 가족의 향상성을 유지함

80

③ 환류고리는 정적 환류와 부적 환류로 나뉨

두 종류의 환류고리는 정보가 체계에 들어와 작용할 때 체계가 그때까지의 안정을 깨고 일탈을 향해 움직이려는 경향을 증대, 감소시키느냐에 따라 구분하는 것이며, 어느 것이 더 바람직한가의 의미는 없음

정적 환류(Positive feedback) ★★★

- 적극적 환류, 긍정적 피드백이라고도 함
- 정적 환류는 현재의 변화가 지속되거나 증폭되도록 하는 환류임
- 정적 환류는 현재의 자신의 행동이나 변화에 대해 그 행위를 계속하게 하는 정보를 받는 것임
- 새로운 행동이나 변화가 생겼을 경우, 변화를 수용하여 그 변화를 유지하게 하는 역할을 함
- 내용이 긍정적이든, 부정적이든 관계없이 상황이나 행위, 변화를 지속하게 하면 정적 환류가 됨
- 가족체계에서 정적 환류는 가족 규범을 벗어나려는 행동에 적응하고 변화를 받아들이는 것임
- 가정에서 일어나는 일탈행동이나 갈등상황에 대해 정적 환류를 적용하며, 정적 환류는 최초의 일탈이나 갈등을 증폭시키는 작용을 함적극적 환류, 긍정적 피드백이라고도 함
- 정적 환류는 현재의 변화가 지속되거나 증폭되도록 하는 환류임
- 정적 환류는 현재의 자신의 행동이나 변화에 대해 그 행위를 계속하게 하는 정보를 받는 것임
- 새로운 행동이나 변화가 생겼을 경우, 변화를 수용하여 그 변화를 유지하게 하는 역할을 함
- 내용이 긍정적이든, 부정적이든 관계없이 상황이나 행위, 변화를 지속하게 하면 정적 환류가 됨
- 가족체계에서 정적 환류는 가족 규범을 벗어나려는 행동에 적응하고 변화를 받아들이는 것임
- 가정에서 일어나는 일탈행동이나 갈등상황에 대해 정적 환류를 적용하며, 정적 환류는 최초의 일탈이나 갈등을 증폭시키는 작용을 함

부적 환류(negative feedback) ★★★★

- 부정적 환류, 소극적 환류, 소극적 피드백 등이라고 함
- 어떤 상태나 변화, 새로운 행동이 부적절하므로 원래의 상태로 돌아가게 하는 환류임
- 체계가 항상성을 유지하고 안전을 유지하게 하는 일탈감소, 안정 유지, 변화 감소의 역할을 함
- 일탈이나 위기상황으로 더 이상 진전되는 것을 멈추고 원래의 상태로 되돌아가게 하는 작용을 함
- 가족규범으로부터 벗어나려는 행동은 부적 환류를 통해 저지되면서 항상성을 유지하는데 기여함

---

5) 가족규범(가족규칙)

① 가족의 항상성 유지를 위해 가족성원들에게 특정한 방식으로 행동하는 것을 허용하거나 허용하지 않을 수 있는데 가족규범은 가족들 간에 지켜야 할 의무나 태도

에 대한 지침이나 권리 등을 말함

② 모든 가족이 대부분 동의하지만 말로 표현되지 않는 경우가 많음

③ 가족성원이 정해진 규범이나 무언이 약속에 충실하면 가족의 향상성은 어느 정도 유지됨

④ 전체 가족과 개별 가족성원들의 효과적이고 생산적으로 가능하도록 하는 규칙을 수립함

⑤ 가족규범은 가족 내에서 무엇이 적절한 행동으로 받아들여지는가를 구체화하는 규칙으로서 전체 가족과 가족 성원이 효과적이며 생산적으로 가능하도록 허용하는 가족규범을 만드는 것이 중요함

6) 경계 ★★★★

① 개념
  - 체계 내부와 외부, 한 체계와 다른 체계를 구분해주는 관념적 테두리를 말함
  - 가족경계는 가족 내 체계들 간을 구분하거나 가족체계와 외부체계를 구분함
  - 가족의 경계선은 어느 날 갑자기 정해지는 것이 아니라 가족원 간 지속적인 상호작용의 결과로 생겨남
  - 체계에 대한 정보와 에너지가 들어오고 나가는 정도와 방향인 투과성에 따라 경직된 경계, 혼돈된 경계, 명확한 경계로 나뉨

② 경직된 경계
  - 투과성이 낮은 경계
  - 체계 간 상호작용이 이루어지기 어렵기 때문에 의사소통에 융통성이 없고 다른 체계에 관심을 보이지 않음
  - 경직된 경계를 갖고 있는 가족은 가족성원 간 '나는 나, 너는 너' 라는 식의 지나치게 독립적인 태도로 서로를 대함

③ 혼돈된 경계
  - 투과성이 지나치게 높은 경계
  - 체계 간에 독립심과 자율성이 결여되어 하위체계 간 밀착된 관계가 형성되기 쉬움

④ 명확한 관계

- 투과성이 적절한 단계
- 너무 경직되지도 않고 너무 혼돈되지도 않은 경계이며, 유연하고 융통성이 있어
  가장 건강한 단계

01) 가족에 관한 설명으로 옳지 않은 것은? (17회 기출)

① 사회 변화에 따라 가족의 구조와 기능도 변화된다.

② 위기 시 가족은 역기능적 행동을 보일 수도 있지만 가족탄력성을 보일 수도 있다.

③ 가족은 생활주기를 따라 단계적으로 발달하고 변화한다.

④ 가족은 가족항상성을 통해 다른 가족과 구별되는 정체성을 갖는다.

⑤ 가족은 권력구조를 갖고 있지 않는 애정 공동체이다.

☞ 해설

기본적으로 가족은 애정과 친밀을 기본으로 하는 공동체이지만 권력구조를 갖지 않는다고 할 수 없다. 권력은 개인적인 것이기보다는 상대적인 것이어서 가족마다 정도와 형태에서 차이가 있지만 어느 정도 권력구조를 갖는다.

정답 ⑤

02) 가족체계의 순환적 인과성에 관한 설명으로 옳지 않은 것은? (16회 기출)

① 가족체계 내 문제가 세대 간 전이를 통해 나타남을 의미한다.

② 가족구성원이 많을 때 더욱 복잡한 양상을 띤다.

③ 상호 영향을 주고받는 과정에서 나타나는 현상이다.

④ 가족의 문제가 유지되는 상호작용 과정을 파악하여 문제를 해결한다.

⑤ 증상을 표출하는 성원 또는 다른 성원의 변화를 통해 가족 문제를 해결한다.

☞ 해설

가족체계 내 문제가 세대 간 전이를 통해 나타남을 의미하는 것은 보웬 가족치료의 '다세대 전수과정' 이다.

정답 ①

제8장
|
가족(체계)과 문제(2)

1. 개방체계와 폐쇄체계 ★★★★

1) 개방체계(open system)
① 외부로부터 그리고 외부를 향한 정보 흐름의 수준이 높은 체계를 개방체계라고 함
② 환경과의 상호작용이 있는 체계로 그 경계는 그 요소들간의 통합이나 전체성을 잃지 않는 한에서 외부와의 상호작용을 허용함
③ 네겐트로피(negentropy, 변화에의 적응력, 개방성)가 있음
④ 개방적일수록 체계는 더 적응적이고 변화의 가능성이 높으며 새로운 경험들은 받아들임
⑤ 어느 정도의 투과성이 높은 경계를 갖고 있는 체계로서 성장과 발전에 필요한 정보나 에너지를 외부에서 자유롭게 받아들이는 체계임
⑥ 사회체계이론의 중심개념은 체계를 개방적인 것으로 본다는 것임
⑦ 개방체계는 환경으로부터 투입을 받아들이며 산출을 생산하여 환경으로 보냄

2) 폐쇄체계(closed system)
① 환경과의 상호작용이 없고 자신의 경계 내에서만 작용하는 체계를 폐쇄체계라고 함

② 엔트로피(entropy, 비조직성, 자기 파괴성)의 성향이 있음

③ 외부에서 정보나 에너지가 들어오는 것을 허용하지 않기 때문에 경직된 경계를 가짐

④ 외부세계와의 교환이 단절되어 투입이 불충분해지므로 역기능적이 됨

⑤ 폐쇄형 체계의 가족구성원은 변화를 회피함

⑥ 환류(feedback)가 일어나기 어려움

⑦ 다른 체계와 상호작용하지 않고 환경의 다른 에너지에 접근이 거의 없어 자체의
에너지만을 사용해야 하는 엔트로피 현상에 의해 모든 체계는 에너지의 유입 없이
해체나 죽음으로 향한다는 자연의 보편적인 법칙임

3) 가족 외부와의 경계로 구분한 가족 유형 ★★★

(1) 폐쇄형 가족체계

① 외부환경과 교환이 없고 가족체계 경계 안에서만 작용하는 가족으로서 침투력이
없는 가족으로 경직된 경계를 가지고 있음

② 외부와의 상호작용과 사람, 물건, 정보, 생각의 출입을 엄격히 제한함

- 장점: 집단 결속력이 높으며, 역할이나 규범이 안정적이고, 집단 발달단계를
  예측하기 쉬우며 성원 간의 협동이 잘 됨
- 단점: 성원의 결석이나 탈락이 있을 경우 상호작용이 감소하거나 이루어지기
  어려우며, 새로운 사고, 가치의 유입이 어려워 다른 의견이나, 소수의 의견이
  무시된 채 집단적 사고에 빠질 수 있음

---

(2) 개방형 가족체계

① 가족외부와의 경계가 명확하면서도 침투력이 있는 가족으로 명확한 경계를 가지
고 있음

② 가족의 경계는 유연하고 융통적임

③ 가족공간은 더 큰 지역사회의 공간으로 확대되는 동시에 외부 문화도 가족공간으
로 유입됨

④ 구성원들의 행위를 제한하는 규칙은 집단의 합의과정에서 도출하며, 개방적일수

록 가족체계는 더 적응적이고 변화의 가능성이 높으며 새로운 경험을 받아들임

> • 장점: 새로운 성원의 아이디어나 새로운 자원을 활용할 수 있고, 새로운 성원
> 의 가입으로 집단 전체의 특성을 변화시킬 수가 있음
> • 단점: 집단의 안정감을 깨질 수 있고 집단 내 자기 노출 제한성과 집단발달간
> 계를 예측하기 어려우며, 새로운 성원의 가입으로 기존 성원의 문제해결이나
> 집단과업을 성취하려는 노력을 방해할 수 있음

(3) 방임형(=임의형) 가족체계
① 가족 외부와의 구분이 거의 없으며 혼돈된 경계를 가지고 있음
② 가족경제선의 방어를 중요치 않게 생각하므로 외부와의 교류에 제한이 없음
③ 집안 출입의 권리를 손님이나 제3자에게도 확대하려 함

4) 가족구성원 간의 경계로 구분한 가족 유형
① 가족원 각 독립심과 자율성이 결여된 혼돈된 경계를 가지기 때문에 가족 간에 밀
착된 관계가 형성됨
② 가족응집력이 지나치게 높고 가족원의 획일적인 감정과 생각을 강요함
③ 속박감을 주고, 가족 구성원에게 가족 전체를 위해 희생을 요구하며 구성원들의
자립적인 탐구, 활동, 문제해결을 지원하지 못함

(1) 유리된 가족(disengaged family)
① 가족원 간 경직된 경계를 가지기 때문에 상호작용이 이루어지기 어려움
② 체계 간 상호작용이 이루어지지 어렵기 때문에 의사소통에 융통성이 없음
③ 가족원 간 응집력과 결속이 낮아서 다른 가족원에 대한 관심이 없고 특히 정서적
인 욕구를 잘 알아차리지 못하고 반응하지도 못함

(2) 수평적 상호작용
① 체계 내에서 이루어지는 상호작용

예) 가족이라는 체계를 기준으로 할 때, 부모자녀 혹은 형제관계 간 상호작용

(3) 수직적 상호작용
① 경계를 넘어 두 체계 간에 발생하는 상호작용
  예) 가족이라는 체계를 기준으로 할 때, 자녀와 학교 교사간 상호작용, 부모와 직장 상사 간 상호작용

(4) 비총합성(nosummativity)
① 전체는 부분의 합보다 크다는 개념
② 가족은 개별 가족성원의 특성을 합한 것으로 만은 기술될 수 없으며, 가족을 이해하기 위해서는 개별 가족원의 특성보다는 성원들의 행동을 연결하는 상호작용이나 의사소통 유형에 주의를 기울여야 함

2. 가족문제와 관련된 주요 개념 ★★★★★

1) 구조 및 기능과 관련된 개념 ★★★
(1) 역기능적 가족
① 밀착된 가족, 유리된 가족, 폐쇄형 가족, 방임형 가족
② 가족의 경계가 너무 경직되었거나 혹은 혼돈되어 있어, 서로에게 너무 무관심하거나 과도하게 집착
③ 모호하고 불일치한 의사소통을 하며 가족원들 사이에 경계가 분명하지 않고 자율성도 없음
④ 가족 성원에게 정형화된 역할을 부여함

(2) 대칭적 관계 가족
① 한 사람의 행동이 상대방에게 영향을 주고 다시 그 행동의 영향을 받아 서로 계속 상승작용을 하는 것을 의미하는 것으로서 역기능적 관계가 해당됨

② 서로 힘이 비슷한 상태이지만 이러한 관계는 서로가 힘겨루기를 하게 되면 상승작용이 일어나 갈등이 첨예화됨

(3) 보완적 관계 가족
① 양자 간의 불균형 혹은 불평등의 차이가 커서 한 사람은 지배적이고 다른 한 사람은 복종적인 관계가 형성된 상태를 말하는 것으로서 역기능적 관계가 해당됨
② 힘의 관계에서 한 사람은 우위의 입장을 취하고 다른 한 사람은 의존적인 입장을 보이는 경우인데, 이러한 경우 힘의 차이는 극대화될 수 있음

(4) 희생양(혹은 속죄양, scapegoat) ★★
① 가족 중 환자 혹은 클라이언트로 지목된 사람임
② 가족의 균형을 유지하기 위해 병리적인 문제를 나타내고 있기 때문에 속죄양으로 불리기도 함

(5) 부모화(=성인아이)
① 부모가 제 기능을 못하는 가족에게 자녀가 가족 내에서 자녀로서 수행해야 할 역할이 아니라 부모나 배우자의 역할을 대신 수행하는 것을 말함
② 자녀는 아이로서 가지고 있는 욕구를 충족하지 못하므로 발달과업을 제대로 수행하지 못하게 됨

(6) 삼각관계(triangle) ★★
① 상호관계에서 압력, 무력감 또는 실망을 경험한 사람이 제3자를 두 사람의 상호작용 체계로 끌어들여 형성되는 단계임
예) 부부사이에 긴장관계를 해소하기 위해 한쪽 부모가 지나친 관심을 자녀에게 쏟고 그 자녀가 문제행동을 보이는 경우

2) 의사소통과 관련된 개념 ★★★
(1) 이중구속 메시지 ★★

① 이중구속 상황에서 처한 사람은 상대방에게서 언어적 메시지와 비언어적 메시지가 서로 일치하지 않는 모순되는 메시지를 받음
② 어떠한 메시지가 진짜 메시지인지 분간할 수 없기 때문에 혼란을 느끼며, 어느 수준의 메시지에 반응하더라도 결코 적절한 반응이 될 수 없는 상황에 처하게 됨
  예) 엄마: 자녀에게 "사랑한다." 라고 말하면서 다른 곳을 쳐다보면서 무관심한 표정을 지음

(2) 너 전달법 ★★
① 나 전달법인 I – message와는 반대되는 것으로 '너' 가 주어가 되는 대화 형식임
② 일반화시키거나 지시나 명령 혹은 비난을 섞어서 표현하고 상대방에 대한 평가를 담은 표현을 많이 함
③ 상대방에게 행동변화를 요구하지만 오히려 상대방이 받아들이기 어렵고 저항하게 만듦
  예) "너는 꼭 바보처럼 행동하는구나.", "너는 항상 그래."

(3) 위장(신비화, 거짓꾸밈) ★★
① 자신의 행동이 상대방에게 영향을 미쳐서 상대방이 어떤 생각을 하고 그 생각을 표현했을 때가 자신의 행동을 부인하는 것임
② 의사소통의 명확성이 낮은 역기능적 의사소통으로서 가족 내에서의 갈등이나 어려움을 드러내지 못하고 오히려 모호하게 하거나 가면을 쓰고 거짓반응을 하는 것을 말함
③ 말하는 사람의 인식을 흐리게 하는데 효과적인, 판독하기 어려운 모호한 반응을 한다든가 비꼬는 반응을 하며 의미를 다중적으로 만드는 것임
  예) 퇴근 후 집에 돌아온 남편이 아이들 장난감과 책으로 집안이 어지럽게 흩어져 있는 것을 보고 화가 나서 방문을 쾅 닫은 후 컴퓨터 게임만 1시간 동안 하고 있었다. 아내가 남편에게 화가 났냐고 하니, "내가 언제 화를 냈어."라고 말하는 것

01) 다음의 사례에 나타난 가족 의사소통 내용은? (16회 기출)

> 아버지는 아들에게 "가족회의에서는 자신의 의견을 소신 있게 밝힐 줄 알아야
> 한다." 라고 평소에 강조한다. 그런데 막상 가족회의에서 아들이 자신의 생각을
> 말하면, "너는 아직 어리니 가만히 있어!"라고 하면서 면박을 준다.

① 구두점   ② 이중구속   ③ 피드백
④ 역설적 지시   ⑤ 이중질문

☞ 해설
이중구속은 역기능적 의사소통의 한 유형으로서 언어적 수준과 비언어적 수준이 서
로 모순적이어서 어떤 수준의 메시지에 반응을 보여야 할지 혼돈스러운 상태에 놓이
게 되는 상황을 말한다.

정답 ②

02) 가족 경계에 관한 설명으로 옳은 것은? (11회 기출)
① 개방형 가족은 환경과의 경계가 없다.
② 유연한 경계를 가진 가족은 구성원 간 경계가 모호하다.
③ 밀착가족의 구성원 간 경계는 경직되어 있다.
④ 방임형 가족은 가족 외부와의 구분이 거의 없다.
⑤ 유리된 가족에는 가족 구성원 간 경계가 없다.

☞ 해설
방임형 가족은 가족 외부와의 불분명한 경계를 갖는 가족
가족 경계선의 방어를 중요치 않게 생각하므로 외부와의 교류에 제한이 없는 가족으
로서 역기능적 가족이다.

정답 ④

제9장
|
통합적 관점(1)

1. 통합적 접근의 개념 ★★★★

1) 사회복지실천의 통합적 접근

① 사회복지실천의 통합적 접근은 1960년대와 1970년대 주로 등장한 이론임

② 전통적 사회실천의 3대 방법론(개별사회사업: C.W, 집단사회사업: G.W, 지역사회조직: C.O)에서 벗어나 개인과 집단, 지역사회를 구분하지 않고 총괄하여 개입할 수 있는 방법론

③ 통합적 접근은 개인, 집단, 지역사회에서 제기되는 사회문제에 활용할 수 있는 공통된 원리나 개념을 제공하는 방법의 통합화를 의미하며, 사회복지사 한 명이 2가지 이상의 방법을 통합적으로 사용하여 클라이언트에게 개입할 수 있도록 함

④ <u>통합적 관점을 통해 사회복지직은 전문직으로서의 정체성을 확보하게 되는 동시에 개인을 환경 속에서 바라보는 고유한 관점을 확립할 수 있게 됨</u>

⑤ 사회복지사가 개인, 집단 및 지역사회에서 제기되는 여러 가지 문제에 활용할 수 있는 사회복지의 공통된 하나의 원리나 개념을 제공하는 방법을 기반으로 통합화하는 방법임

2) 통합적 접근의 등장배경 ★★★★

① 특정적인 문제에 치중하여 개입하거나, 실천현장에 다양한 욕구와 문제를 지닌 클라이언트에게 적절한 서비스를 제공하지 못할 정도로 지나치게 세분화되었거나 하는 등의 전통적 사회복지실천방법의 한계가 대두됨

② 실천대상이나 문제별 분화 및 전문화되어 있는 사회복지 공통기반을 정리함

3) 전통적 방법론의 한계와 통합화를 시도하려는 노력들

(1) 전통적 방법론의 한계 ★★★★

① 전통적 방법론의 접근은 주로 특정 문제를 중심으로 개입하게 되는데, 복잡한 문제와 욕구를 지닌 클라이언트의 상황에 적절하게 개입하기 어려운 경우가 많기 때문에 새로운 방법론의 필요성이 대두됨

② 전통적인 방법은 지나친 분화와 전문화로 서비스를 파편화하였는데, 복잡하고 다양한 문제를 지닌 클라이언트의 문제를 해결하기 위해서는 여러 사회복지기관이나 사회복지사를 찾아 다녀야 하는 상황에 처하게 됨

③ 전문화를 중심으로 한 교육과 훈련은 사회복지사가 다른 분야로 직장을 옮기는 데 불리하게 작용함

④ 공통기반이 없는 분화와 전문화로 인해 여러 다양한 사고와 언어, 과정이 존재를 하게 되었는데, 이는 각 영역 사이에 의사소통의 혼란을 초래하였으며, 사회복지 전문직의 정체성을 확립하는 데 장애가 됨

(2) 전통적 방법론의 한계를 보완하기 위한 노력

① 1929년 밀포트 회의
  - 밀포트 회의에서는 어떤 특정한 문제나 실천방법에 근거한 세부영역보다 우선하는 사회복지실천의 공통적 요소들이 존재한다고 발표함
  - 1929년 밀포트 회의에서는 개별사회실천을 기본으로 8개 영역을 공통요소로 정리하여 발표함

② 사회복지방법의 공통적인 기초 정리
  - 바틀렛은 [사회복지실천의 공통기반](1970)이라는 저서에서 사회복지방법의

지식과 가치가 다양한 방법을 규정하고 있음을 강조하면서 그 공통된 기초를 묶어냄

③ 통합적인 접근방법에 대한 이론 구축
  - 골드스타인, 핀커스와 미나한, 플랜저, 시표린, 콤튼과 갤러웨이, 메이어, 무릴로 등이 이론구축을 위해 노력함

④ 단일 방법론의 모델화 시도
  - 핀커스와 미나한, 콤튼과 갤러웨이 등 많은 학자들이 단일 방법론의 모델화를 시도함
  - 현재까지도 더 정밀한 방법의 체계화와 기술화를 위해 노력하고 있음

4) 사회복지실천과 통합적 방법론 ★★★★

(1) 통합적 방법론의 특징(인간중심+환경중심 → 상호작용)

① 사회복지실천과정에서 개인, 집단, 지역사회를 대상으로 개입할 때 적용할 수 있는 원리나 개념 등 공통된 기반이 있음을 전개

② 인간과 환경과의 상호작용에 초점을 두기 때문에 두 체계간의 공유영역에 개입함

③ 특정 이론에 기초하지 않고 다양한 이론과 개념을 사용하여 문제에 따라 다른 접근을 취함

④ 클라이언트에게는 잠재성이 있으며 개발될 수 있다고 보고 클라이언트의 성장과 잠재성에 대한 미래 지향적인 관점을 취함

⑤ 클라이언트의 존엄성을 인정함
  ※ 따라서 클라이언트의 참여와 자기결정, 개별화를 강조하고 사회복지실천을 지속해서 평가할 것을 강조

⑥ 예전의 사회복지 실천은 주로 인간에게 초점을 두거나 환경에 초점을 두는 2궤도 접근을 이루어져 왔지만, 통합적 방법은 인간과 환경의 양면적 상호작용에 초점을 두고 인간과 환경의 공유 영역 즉, 인간의 사회적 기능 수행영역까지 사회복지사가 개입함

⑦ 통합적 방법은 사회복지실천에 본질적인 개념, 활동, 기술 및 과업 등에 공통적 기반이 있음을 전제로 함

⑧ 사회복지에 대한 전문적 지식은 과거 중심의 심리 내적인 면을 강조하는 정신역동
적 측면에서 '상황 속 인간'을 이해하고자 하는 일반체계이론까지 확대된 개념을
사용함

(2) 통합적 방법을 지향하는 사회복지실천의 요소

① 생태체계관점을 취함
② 통합적 방법론의 하나인 생활모델에서는 문제를 '개인과 환경 간의 스트레스'로
개념화 하고 사회복지실천의 중요한 개입 초점으로 규정, 즉 광범위하고 포괄적으
로 문제를 규정해야 함
③ 다양한 수준에서 접근
④ 체계와 체계의 환경 간의 관계를 중요시함
⑤ 특정 이론적 접근에 얽매이지 않고 다양한 이론과 개입방법을 개방적으로 선
택함
⑥ 통합적 방법론에는 사회복지실천과정을 점진적으로 문제를 해결하는 과정, 즉 문
제해결과정으로 봄

2. 통합적 접근의 주요 이론 및 관점

1) '환경 속의 인간' 관점

(1) 개념

① 환경 속 인간 관점은 환경적 요인이 인간의 사회적 기능에 미치는 영향을 인정했
지만, 이전까지는 인간의 문제를 사정할 때 인간의 행동이 환경에 영향을 주는 것
을 충분히 인식하지 못한 채로 환경에 대한 개인의 인식이라든지, 개인의 내적 요
인만을 지나치게 강조함
② 인간을 이해하기 위해서는 인간의 심리 내적인 특성만을 고려한다는 것이 아니라
환경과 상황까지도 모두 고려해야 한다는 관점

(2) 사회복지실천과 환경 속의 인간(Person in environment, PIE)

① 리치몬드(1922)의 책

[개별사회복지실천이란 무엇인가?(what is social case work?)]

개별사회복지실천은 개별사회사업인 case work를 '개개인 그리고 개인과 사회환경 사이에서 의식적인 조정을 통해 개개인의 인격발달을 이루어 가는 과정'이라고 정의

※ 현재 사회복지실천의 기본 개념틀인 '환경 속의 인간(Person in environment)'은 리치몬드의 책에서 시작되었다고 보기도 함

② 그러나 '환경 속의 인간(Person in environment)' 관점은 리치몬드의 저서인 [사회진단 Social Diagnosis] 속에 의미가 함축되어 있던 개념이기도 하며, 1950년대 이후부터 사회복지실천의 기본 개념 틀로 자리 잡으면서 많은 사회복지실천 이론가에 의해 강조되고 있음

(3) PIE(Person in environment) 분류체계

① '환경 속의 인간' 관점에서 문제를 분류할 수 있는 체계로서 사회복지분야에서 개인과 환경체계 모두에 초점을 두고 활동하는 사회복지실천에 부합되는 문제분류체계를 개발한 것임

② 성인 클라이언트의 사회적 기능수행문제를 묘사하고, 분류하고, 기호화하기 위한 체계임

③ 특징

  – 미국정신의학협회가 제작한 'Diagnostic and Statistical Manual of Mental Disorder'은 정신의학적 문제들에 대해 질병 및 병리적 개념에서 문제를 정의하는데 반해 PIE는 개인의 역할 기능 수행과 아울러 개인 주변으로 부터의 지지상황 모두를 고려하여 문제를 분류하는 체계임

  – 클라이언트의 문제 상황을 네 가지 요소로 분류함

(4) PIE체계의 클라이언트를 묘사하기 위한 네 가지 요소

① 요소1: 사회적 기능 수행상 문제

- 사회복지사는 각 문제의 유형과 그 문제로 인해 야기된 어려움의 정도, 그리고 그 문제를 다루기 위한 클라이언트의 대응능력을 확인하고 묘사함

② 요소2: 환경상의 문제
- 사회복지사는 요소1에 영향을 주고 있는 환경상의 문제를 묘사함
- 환경조건 혹은 그 정도뿐 아니라 각 문제가 야기한 어려움의 정도, 그리고 각 문제의 지속기간도 확인함
- 요소2의 문제 역시 한 가지 이상이 될 수도 있음
- 요소1과 2는 클라이언트의 사회적 기능 수행문제와 환경에 관한 핵심적 서술로 이루어져 있으며, 사회사업의 주요 초점임

③ 요소3: 정신건강문제
- 사회복지사가 클라이언트에 대한 이해와 개입과 관계가 있는 현재의 정신적, 성격적 혹은 발달상의 장애 혹은 상태를 표시하도록 함

④ 요소4: 신체건강문제
- 클라이언트의 사회적 역할 수행과 환경문제에 대한 이해 및 유지에 관련 가능성이 있는 현재의 신체장애 혹은 현재 상태를 사회복지사가 표시하도록 함
- 사회복지사는 이미 있는 신체적 문제를 정기적으로 질문하고, 그 질문의 결과를 요소4에 기록해야 함

01) 통합적 방법의 특징으로 옳지 않은 것은?   (16회 기출)

① 실천의 유용한 이론적 틀로서 생태체계적 관점에 기초한다.

② 개인과 체계 간의 상호작용에 초점을 둔다.

③ 사회복지사는 미시적 수준에서부터 거시적 수준의 실천까지 다양한 체계에 개입한다.

④ 인간에 초점을 두거나 환경에 초점을 두는 2궤도 접근이다.

⑤ 일반주의(generalist) 실천에서 활용하는 접근방법이다.

☞ 해설

2궤도 접근은 자선조직협회 활동의 접근과 인보관 운동의 접근에서 비롯된 것이다. 자선조직협회는 개인의 역기능과 문제에 초점을 두어 개인을 변화시키려고 했으며 인보관 운동은 문제의 원인과 해결을 사회 및 환경에서 찾으려고 했는데 이를 2궤도 접근이라고 하며 전통적 방법이다.

정답 ④

02) 상호작용 맥락을 이해하기 위한 PIE(Person – in – Environment) 체계의 요소에 포함되지 않은 것은?   (13회 기출)

① 정신건강상 문제   ② 신체건강상 문제

③ 사회기능상 문제   ④ 가족구조상 문제

⑤ 환경상 문제

☞ 해설

가족구조상 문제는 PIE체계 요소에 포함되지 않는다.

정답 ④

제10장
|
통합적 관점(2)

1. 통합적 접근의 주요 이론 및 관점 ★★★★★

1) 일반체계 이론(general system)

(1) 개념

① 생물학자인 버틀란피(Bertalanffy)가 1940년대에 처음 제시한 후 1960년대부터 주목을 받았음

② 체계를 구성하는 요소들의 속성과 이들 간의 상호작용의 속성을 이해하고, 복잡한 체계의 관계 속성 또는 체계 내부에서 이루어진 상호작용의 특성을 파악하기 위해서 개발된 이론

(2) 인간과 환경에 대한 관점

① 개인과 환경을 원인과 결과라는 인과적 관점에서 보는 것이 아니라 두 체계를 상호보완적인 전체로 파악하여 인간과 환경 간의 상호작용, 개인과 체계가 효율적으로 기능할 수 있게 하는 데 관심을 둠

② 기본적으로 체계이론에서는 인간과 환경을 단선적인 관계가 아니라 상호적인 관

계로 봄

③ 어느 한 쪽이 다른 쪽에 일반적인 영향을 주는 것이 아니라 양자가 서로 영향을 미치는 순환적인 관계로 형성된 전체로 보는 것임

2. 체계의 개념과 기본적 속성

1) 개념
① 체계란 상호 의존적이고 상호작용하는 부분으로 구성된 전체
② 체계는 목적이 지향하는 바에 따라서 향상성과 규칙을 유지하면서 끊임없이 변화함

2) 체계의 기본적 속성 ★★★★
① 조직화(organization) — 체계를 구성하는 부분과 요소들은 서로 연결되어 관계가 있음
② 상호인과성(mutual causality) — 체계의 한 부분에서 발생한 것은 직, 간접적으로 다른 부분에 영향을 미침
③ 항구성(constancy) — 체계는 지속적인 속성을 지니고 있음
④ 공간성(spatiality) — 체계는 물리적인 공간을 차지하고 있으며, 관찰 가능함

3. 주요 개념

(1) 경계
① 경계란 체계 내부와 외부, 한 체계와 다른 체계를 구분할 수 있는 테두리를 말함
② 경계를 형성하는 요인은 에너지의 교류, 상호작용, 규칙 등
③ 건전한 체계는 반투과성 경계를 잘 유지함
④ 경계는 물리적 공간 또는 개념적으로 그려질 수도 있는데 개념적인 경계는 사회복지사의 판단과 관련 있음

⑤ 개념적인 경계는 경계를 세우는 사회복지사의 판단과 관련되며 건전한 체계는 반투과성 경계를 잘 유지함

(2) 개방체계 ★★
① 어느 정도 투과성이 높은 경계를 갖고 있는 경계
② 개방체계는 성장과 발전에 필요한 정보나 에너지를 외부에서 자유롭게 받아들이기도 하고, 내부의 정보나 에너지를 외부로 보내기도 함
③ 체계가 성장하고 발달하려면 상호작용하는 다른 체계들로부터의 투입에 어느 정도 개방적이어야 함
④ 개방체계는 환경으로부터 투입을 받아들이며 산출을 생산하여 환경으로 보냄
⑤ <u>사회체계이론의 중심개념은 체계를 개방적인 것으로 본다는 것임</u>

(3) 폐쇄체계 ★★
① 체계의 경계를 넘나드는 에너지 교환이 결핍된 체계
② 다른 체계로부터 영향(정보, 에너지 등)을 받거나 주는 일이 외부로부터 완전히 단절되어 있음
③ 폐쇄체계는 다른 체계와 상호작용하지 않음
  예) 외부로부터 단절된 가족의 경우 부부관계, 부모 – 자녀관계, 자녀들 간의 관계가 외부와 상호작용이 일어나지 않으면 이 체계들은 쇠퇴하고, 회복하기 어려운 상태에 이르게 됨
④ <u>폐쇄체계는 시간이 지남에 따라 에너지 유입이 없어지면서 체계들이 분화가 적어지고 조직과 기능이 상실되거나 해체되는 경향이 있으며, 이를 엔트로피라고 함</u>
⑤ 다른 체계와 상호작용하지 않고, 환경의 다른 에너지에 접근이 거의 없어 자체의 에너지만을 사용해야 하는 엔트로피 현상에 의해 모든 체계는 에너지의 유입 없이 해체나 죽음으로 향한다는 자연의 보편적인 법칙임

(4) 위계 ★★
① 체계의 부분은 여러 방식으로 서로 연결되어 있음

② 모든 체계의 기본단위는 활동이나 에너지 기능을 위해 주어야 하는데 그러한 하위체계, 상위체계 사이의 관계를 위계라고 함
③ 체계의 부분은 여러 가지 방식으로 서로 연결되고 체계의 기본단위는 활동이나 에너지의 기능을 위해 한 체계의 상위체계에 의존하며 상위체계는 하위체계에 방향을 제시해 주어야 하는데 이러한 하위체계와 상위체계 사이의 관계를 위계라고 함

(5) 홀론(holon) ★★

① 특정 체계는 그 체계를 구성하는 작은 체계보다는 큰 상위체계이고, 그 체계를 둘러싼 더 큰 체계의 하위체계가 된다는 현상을 말함
  예) 인간은 주변 환경과의 관계에서는 환경체계의 일부분이지만 인간을 구성하는 신체, 생물학적 체계, 인식체계 등의 하위체계들을 통합하는 전체 혹은 상위체계임

(6) 항상성(general system) ★★

① 체계는 끊임없이 변화와 운동의 과정 속에 있고, 체계의 이러한 운동은 목표 지향적임
② 비교적 안정된 구조를 유지하려는 체계의 속성을 항상성이라고 함
  예) 가부장적, 가족은 부정적 항상성의 형성이 문제인데, 이를 변화시키려 할 때 변화를 기피하여 이전사태를 유지하려고 하는 경향

(7) 안정 상태(steady state) ★★

① 안정상태는 부분들의 관계를 유지시키고 체계가 붕괴하지 않게 하려고 에너지가 계속 사용되는 상태
② 환경과의 상호작용 과정에서 새로운 에너지를 받아들여 체계의 내부구조를 성공적으로 변경시켜 가면서 기존과의 다른 차원에서 얻어지는 체계의 균형상태
③ 체계의 내, 외부 위기 상황에서 대처하면서 체계가 안정상태를 유지할 경우 체계는 성장하고 발달함
④ 사회복지실천은 역엔트로피 유지 또는 증가시킴으로써 바람직한 안정상태를 얻도

록 원조함

⑤ 각 체계의 부분들이 관계를 유지시키고 쇠퇴해서 붕괴하지 않게 하려고 에너지가
계속 사용되는 상태

⑥ 단, 균형은 에너지 유입 없이 현상을 유지하는 고정된 상태임

⑦ 즉, 외부환경으로부터 새로운 에너지를 투입하지 않고서 현상을 유지하려는 속성
을 말함

(8) 역동적 평형상태(dynamic equilibrium) ★★

① 질서와 구조가 안정되어 있는 상태에서 체계는 내부적으로 끊임없이 변화하고 움
직여 가는데 이러한 상태를 역동적 평행상태라고 함

② 체계의 구조를 변화시키지 않은 채 환경과의 상호작용 속에서 체계의 균형을 회복
하려는 내부 성향이라는 점에서 체계의 항상성이라 할 수 있음

(9) 투입, 전환, 산출

① 투입

- 체계가 환경으로부터 받아들이는 에너지, 사물, 정보 등을 말함

- 생물학적, 심리사회적 생존과 성장은 투입과정을 통해서 보장받음

② 전환

- 투입체계는 체계 내부로 입수되고 나면 영향을 받고 변형되며 규제받고 체계
의 기능 수행을 위해 활용되는 데 이렇게 투입체계가 활용도는 단계는 전환이
라고 함

- 즉, 투입물을 처리하여 체계의 기능 유지에 필요한 형태로 전환하는 작용임

③ 산출

- 전환의 단계를 거치는 이러한 처리과정이 시작되면 체계는 적극적으로 환경에
반응하는데 이를 산출이라 부르며, 이 같은 반응은 환경에 직접적으로 영향을
미침

- 즉, 전환활동을 통해 나타난 결과물이 체계 밖으로 나타난 것임

(10) 환류(feedback)

① 행동을 취한 체계에게 행동의 결과를 알려주는 것을 환류라고 함

② 환류를 통해 새로운 행동을 만들어 내거나 기존의 행위를 수정함

③ 환류는 체계의 평형을 유지하거나 변화를 촉진시켜서 체계를 혼란시키는 작용을 하며 정적환류 및 부적 환류로 구분됨

> • 긍정적 피드백: 체계가 목적에 따라 바르게 행동하고 있으며 같은 행동이 좀 더 요청되는 것을 의미
>
> • 부정적 피드백: 체계가 목적의 달성을 어렵게 하는 정도를 전달하는 것으로 체계의 행동의 변화되고 수정이 일어나는 상태를 의미

(11) 동귀결성(=동일 결과성, 동등종결, equifinality) ★★★

① '다양한 출발에서 시작해서 동일한 결과에 이른다' 는 뜻임

② 체계들의 초기상황이 서로 다르더라도 그 체계들이 개방되어 있어 주변의 체계들과 목적지향적인 교류를 하면 결국 동일한 상태 또는 목적을 이끌어낼 수 있는 것임

③ 체계들이 개방되어 있어 서로 교류를 하고 있을 경우 동일한 목적을 달성하는 방법은 여러 가지가 있을 수 있다는 것을 의미함

(12) 다중귀결성(=다중종결, multifinality)

① '똑같은 출발에서 다양한 결과에 이른다' 는 뜻

② 유사한 상황에 있는 체계라 할지라도 체계 내의 구성요소들 간의 상호작용 양상, 또는 체계들과의 상호작용 양상과 특성이 다르면 최종상태도 서로 달라질 수 있음을 나타냄

③ 한 가지 원인이 여러 결과를 유발할 수 있다는 개념

④ 따라서 유사한 문제를 갖고 있는 클라이언트라 하더라고 문제의 종결상태가 항상 동일하지는 않도록 할 수 있음

4. 체계의 구분

① 대상체계: 분석대상이 되는 체계
② 상위체계: 대상체계 외부에 있고 그 체계에 기능적으로 영향을 미치는 체계
③ 하위체계: 이차적이고 종속적인 체계로 큰 체계 속에 있는 더 작은 체계

5. 일반체계이론에 대한 평가

1) 일반체계이론이 사회복지실천에 공헌한 내용
① 인간행동을 이해하는데 단선적, 인과관계 관점의 의료적 모델에서 다원론적 관점
으로 전환시킨 점에서 기여함
② 직선적인 인과관계모델로부터 탈피하여 순환적 인과관계로 전환하게 하였고, 총
체성을 강조하는 체계적 사고를 강조함으로써 사회복지실천이 클라이언트와 체계
들 간의 상호작용을 향상하도록 함
③ 한 가지의 문제 발생에는 다양한 요소들이 관여된다는 점을 고려
④ 인간이 상호작용하는 많은 체계를 고려하게 하여 사회복지실천의 사정과 개입영
역을 확대

2) 일반체계이론을 사회복지 분야에 통합하는데 있어서의 어려움 및 한계 ★★
① 체계이론이 너무 추상적인 차원에서 개념화됨
② 다양한 관점과 해석 때문에 체계에 대한 설명이 혼란스러움
③ 사용된 언어의 의미가 너무 다양하여 혼란을 초래할 수 있음
④ 변화에 대한 저항을 역기능적이나 병리의 근원으로 봄

01) 체계이론이 사회복지실천에 미친 영향으로 옳지 않은 것은? (17회 기출)

① 사고의 틀을 개인중심에서 전체체계로 확대하도록 유도함

② 경계, 환류, 엔트로피 등 기능적인 체계를 설명하는 개념을 제시함

③ 문제현상에 대한 분석틀과 구체적 개입방법을 제시함으로써 적응적 변화를 유도함

④ 사회현상을 분석함에 있어 체계를 둘러싼 변수들이 상호관련된 전체라는 시각을 갖게 함

⑤ 동귀결성(equifinality)과 다중귀결성(multifinality)은 실천의 다양한 영향을 설명할 수 있게 함

☞ 해설

체계이론에 기반한 접근은 개인, 집단, 지역사회에 대한 개입을 포함하는 통합적, 총체적 접근이며 어떤 하나의 특정한 개입만을 강조하지 않는다.

정답 ③

02) 엔트로피(entropy) 에 관한 설명으로 옳은 것은? (11회 기출)

① 외부로부터 에너지 유입 없이 소멸되어 가는 상태

② 내부적으로 변화하면서 균형을 유지하려는 현상

③ 투입된 에너지를 적절하게 변형시켜 활용하는 과정

④ 시간이 경과함에 따라 반복적인 상호작용 유형이 형성되는 현상

⑤ 외부와 지속적으로 교류하는 체계 내에서 발생하는 스트레스 상태

☞ 해설

엔트로피: 체계가 시간이 지남에 따라 에너지 유입이 없어지면서 체계들의 분화가 적어지고 조직과 기능이 상실되거나 해체되는 상태 혹은 경향을 말한다. 엔트로피는 폐쇄체계에서 나타난다.

정답 ①

제11장
|
통합적 관점(3)

1. 통합적 접근의 주요 이론 및 관점

1) 사회체계이론(social system theory)

(1) 사회체계이론의 개념

① 모든 조직수준과 인간결사체 등 사회체계에 체계론적 관점을 적용한 이론

② 인간행동에 영향을 미치는 다양한 체계수준, 즉 개인, 가족과 조직을 포함하는 소집단으로 지역사회와 같은 좀 더 복잡하고 넓은 사회체계를 설명하는 이론

③ 사람들이 공동의 장소와 문화를 공유하고 서로 상호작용하는 사회도 하나의 체계이기 때문에 체계가 갖는 속성을 갖고 있음

④ 체계이론으로 설명이 가능함

> - 일반체계이론: '체계'라는 추상적 개념으로 설명
> - 사회체계이론: 가족, 조직, 지역사회, 문화 등 구체적인 사회체계를 다룸

(2) 사회체계이론의 발달의 배경

① 사회복지 분야에서는 일반체계이론을 도입하여 4체계이론이나 6체계이론 등이 발달되었고, 사회학분야에서는 파슨즈와 같은 사회학자에 의해 사회체계이론이 발달함

② 사회복지 분야에는 기존 사회복지이론들이 '환경 속의 인간' 이라는 개념을 충분히 설명하지 못했기 때문에 '환경 속의 인간' 이란 개념을 더 명확히 설명해 줄 수 있는 이론에 대한 관심이 증가함

(3) 사회복지실천과 사회체계이론 ★★★★

① <u>핀커스와 미나한의 4체계모델</u>
  - 핀커스(Princus & Minahan, 1973)은 일반체계이론을 사회사업 실제에 응용한 <u>4체계모델을 소개함</u>
  - 이 모델은 사회복지사가 실천과정에서 다루게 되는 대상을 클라이언트체계, 변화매개체계, 표적체계, 행동체계로 분류함

② <u>콤튼과 갤리웨이의 6체계 모델</u>
  - 콤튼과 갤러웨이(compton & Galaway, 1983)는 기존의 4체계에 전문가체계와 의뢰 – 응답체계를 덧붙여서 <u>6체계모델을 제시함</u>
  - 클라이언트체계, 변화매개체계, 표적체계, 행동체계, 전문가체계, 의뢰 – 응답체계

2) 생태체계관점 ★★

(1) 생채체계관점의 구성: 생태학+일반체계이론

① 생물학에서 유래되었고 1970년대 중반까지 사회복지실천에서 주류를 이룬 '환경 속 인간' 이라는 관점과 유사함

② 생태체계적 관점은 체계이론과 생태학 이론에서 나온 개념을 적용하였으며, 생태학은 유기체와 환경 사이의 관계를 연구하는 생물학이고 일반체계이론은 유기체와 환경 사이의 체계적인 상호관련성에 대해서 설명하고 분석하려는 이론임

(2) 생태학적 이론: 브론펜 브레너와 생태학적 이론

① 브론펜 브레너(Bronfenbrenner)는 러시아에서 태어났으며 6세에 미국으로 건너 가 발달심리학으로 박사학위를 받고 코넬대학교 교수로 재직함

② 아동에 대한 이해가 사회문화적 맥락에서 이해되어야 한다는 관점을 강조하였고, 인간에 대한 이해는 인위적인 실험실 연구가 아닌 인간을 둘러싼 실제 삶의 맥락 내에서 연구되어야 한다고 주장함

③ 인간이 환경과 어떻게 관계되어 있는지를 이해하는 방법으로 인간발달의 생태학 을 개념화하였는데, 그의 이론을 생태학적 이론 혹은 생태학적 모델이라고 함

(3) 생태학적 이론과 생태적 체계

① 인간발달은 유전적 요소, 가족의 역사, 사회경제적 수준, 가족생활의 질, 문화적인 배경 같은 요인들과 관련되기 때문에 인간을 이해하기 위해서는 생태학의 관점에 서 이해해야 함

② 인위적인 실험실 연구가 아닌 인간을 둘러싼 실제 삶의 맥락 내에서 인간이 이해 되고 연구되어야 한다는 브론펜 브레너의 주장과 같이, 인간발달에 대해 생태적 접근을 취하면서 체계이론을 확대한 것이 생태학적 이론임

③ 브론펜 브레너는 인간발달과정을 분석하는 가운데 체계론적 관점을 확대하여 '생 태적 체계' 라는 용어를 사용하였고, 인간을 둘러싸고 있는 생태학적 환경을 가장 가까운 것에서부터 가장 먼 것에 이르기까지 네 개의 구조체계로 구분하였으며, 이후 시간 체계를 추가함

3) 생태적 체계의 구성

(1) 미시체계(micro system)

① 개인 혹은 인간이 속한 가장 직접적인 사회적, 물리적 환경들을 의미함

② 인간은 넓은 의미에서 생리적, 심리적, 사회적 체계의 한 형태이며, 이러한 인간이 속해 있는 모든 체계는 상호작용임

③ 미세체계는 인간과 직접적이고 대면적인 상호작용을 함으로써 인간에게 영향력을 미치며, 미시체계 내에서 아동과 부모, 또래, 교사와 같은 요인들 간에는 직접적인

상호작용이 이루어짐

④ 개인의 특성과 성장시기에 따라 미시체계가 달라짐

　예) 어릴 때는 가족이 가장 중요하지만 청소년기에는 또래집단이 더 큰 영향을 미
　　칠 수 있음

⑤ 물리적, 사회적 환경 중에서 개인이 일상생활 속에서 직접 접촉하고 상호 교류
　할 수 있는 부분으로 가족과 같은 환경 내에서의 활동과 역할, 대인관계 유형을
　말함

　예) 아동의 입장에서 부모, 친구, 학교 등

(2) 중간체계(mezzo system)

① 두 가지 이상의 미시체계들 간의 관계 혹은 특정한 시점에서 미시체계들 간의 상
　호작용을 의미함

② 가족, 직장, 여러 사교집단 등 소집단 혹은 가족과 같은 개인을 둘러싸고 있는 두
　가지 이상의 환경에서 일어나는 과정과 연결성을 말함

　예) 아동의 입장에서 학교(교사)와 가장(부모) 간의 관계, 형제간의 관계, 가정과 또
　　래 집단과의 관계 등이 있음

(3) 거시체계(macro system)

① 개인이 속한 사회의 이념이나 제도의 일반적인 형태 혹은 개인에게 영향을 미치는
　환경요소를 말함

② 미시체계, 중간체계, 외부체계에 포함된 모든 요소뿐만 아니라 개인이 살고 있는
　문화적 환경까지 포함함

③ 개인의 생활에 직접적으로 개입하지는 않지만 간접적으로도 강한 영향력을 발휘
　하며, 하위체계에 대한 지지기반과 가치준거를 제공해 줌

④ 개별미시체계(개인)는 사회환경 속에서 상호작용하는 거시체계의 영향을 지속적
　으로 받음

⑤ 사회복지실천에서 거시적 접근은 사회 전반을 개선하고 바꾸는 일에 참여하는
　것임

(4) 외부체계(exo system)

① 개인과 직접 상호작용하지는 않으나 미시체계에 영향을 주는 사회적 환경들을 말함

② 개인은 외부체계에 직접 참여하지는 않지만 이러한 환경들은 인간의 행동에 여러 가지 영향을 미침

　예) 어머니의 취업 여부에 따라 아동이 생활패턴이 달라지는 것도 외부체계의 영향 이라고 할 수 있음

　예) 부모의 직장, 대중매체, 정부기관, 교통통신시설, 문화시설 등

(5) 시간체계

① 브론펜 브레너가 처음 발표한 생태학적 모델에는 포함되어 있지 않았으나 생태학 적 관점에서 아동을 설명하는데 필요한 체계로 간주되어 후에 새롭게 포함됨

② 개인의 전 생애에 걸쳐 일어나는 변화와 역사적인 환경을 포함하는 것을 의미함

③ 어떤 시대에 출생하여 성장했는지에 따라서 개인은 발달과 삶에 큰 영향을 받음

④ 부모, 가족, 친구, 학교 등 개인을 둘러싼 미시체계에서부터 문화, 관습, 이념 등의 거시체계에 이르기까지 생태환경은 과거, 현재, 미래의 시간체계의 변화 속에서 작용함

⑤ 생태학적 관점에서 아동을 설명하는데 필요한 체계로 간주되어 후에 새롭게 포함 되었으며 시간체계는 개인의 전 생애에 걸쳐 일어나는 변화와 역사적인 환경을 포 함하는 체계임

⑥ 개인을 둘러싼 미시체계로부터 문화, 관습, 이념 등의 거시체계에 일기까지 생태 체계는 개인에게 영향을 미치며 이러한 생태환경이 과거, 현재, 미래, 시간의 변화 속에서 작용함

　예) 가족제도의 변화, 결혼관의 변화, 직업관의 변화 등

4) 생태체계관점의 특징 ★★★★

① 유기체가 환경 속에서 역학적인 평형 상태를 유지하고 성장해 가는지에 관심을 두 는데 인간과 환경의 상호작용 방법에 대한 실천가의 관점을 중시함

② 개인과 환경은 특정 상황 속에서 지속적으로 영향을 주고받는 관계의 측면에서 이

해되어야 함을 강조하기 때문에, 개인의 가족에서부터 더 넓은 사회적 환경에 이르기까지, 환경의 다양한 측면들이 어떻게 인간의 발달에 영향을 미치는지 설명함

③ 역기능을 적응적이거나 합리적인 것으로 개념화하며, 클라이언트체계의 강점을 강조함

④ 병리적 상태가 반영된 것이 '문제' 라고 보지 않고 주위 사람, 사물, 장소, 조직, 정보 등을 포함하는 생태체계의 여러 요인 간의 상호작용의 결과로 문제가 발생한다고 봄

⑤ 개인은 개인의 발달단계의 따른 과업, 지위, 역할의 변화, 위기발생 등의 생활상의 변천, 환경상의 과도한 압력, 클라이언트 행동에 부적절한 반응, 대인관계상의 문제나 어려움을 겪게 된다고 봄

5) 생태체계관점의 기본과정 ★★★★
① 환경과 상호작용하고 다른 사람과 관계를 맺는 인간의 능력은 타고 난 것임
② 유전적 및 생물학적 요인은 다른 환경과 상호작용한 결과로 다양한 방식으로 표출됨
③ 개인과 환경은 서로 영향을 미치는 단일한 체계, 즉 호혜적 관계를 형성함
④ 적합성은 적응적인 개인과 지지적인 환경이 상호작용하면서 형성하는 상호적인 개인 – 환경과정임
⑤ 사람은 목적 지향적이며 유능해지려고 노력함
⑥ 개인의 환경에 대해 갖는 주관적 의미는 발달에 매우 중요
⑦ 자연환경과 상황 속에서 개인을 이해해야 함
⑧ 성격은 개인과 환경 간에 오랜 기간 상호작용 산물임
⑨ 생활경험에서 긍정적으로 변할 수 있음
⑩ 생활상문제는 전체적인 생활공간 내에서 이해해야 함
⑪ 클라이언트를 돕기 위해 사회복지사는 클라이언트의 생활공간 어디에든 개입할 준비가 되어 있어야 함

6) 생태체계관점의 주요 개념 ★★★
① 생활환경/거주환경

– 생활환경은 생물체가 살고 있는 장소를 가리키는데, 인간의 경우 특정한 문화적 배경 내의 물리적, 사회적 상황을 의미함

② 상호작용/상호교류(transaction)

– 인간이 다른 환경의 사람과 의사소통하고 관계 맺는 것을 말함

– 무언가를 전달하고 교환하는 것이기 때문에 활동적이고 역동적이며, 긍정적이거나 부정적일 수 있음

③ 적응적합성/적합성

– 개인의 적응 욕구와 환경 또는 사회적 요구 사이의 조화와 균형 정도 혹은 인간이 환경과의 적응적인 조화를 이루고자 하는 활동적인 노력을 의미함

– 양자 사이의 적합도가 양호할 경우 '적응이 잘 된 상태'라고 함

– 인간과 환경 간 상호작용을 하면서 성취되는데 상호작용은 적응적일 수도 있고 부적응적일 수도 있음

– 부적응적 교류가 계속되면 인간발달과 건강, 사회적 기능은 손상되고, 적응적일 때에는 개인의 성장, 발달하며 이때 적합성은 높아짐

④ 스트레스

– 개인과 환경간 상호교류에서 불균형 야기현상

– 사회적, 발달적 변화, 충격적사건 등 다양한 생활문제에서 발생하는 욕구가 자신이 활용할 수 있는 인적, 환경적 자원을 초과하는 상황에서 야기

⑤ 대처

– 생활 스트레스 때문에 생기는 욕구를 해결해 나가기 위해 고안된 새롭고 특별한 행동

7) 강점관점과 역량강화모델

(1) 강점관점

① 강점은 어려움이 직면했을 때 자신·타인 세상에 관해 배운 것을 가지고 외상, 혼란, 억압 등과 투쟁하며 대처해 나감

② 강점관점이란 클라이언트를 독특한 존재로서 다양성을 인정하고 존중하며 클라이언트의 결점보다는 강점에 초점을 두어 가능한 모든 자원을 활용하여 역량을 실현

해 나가도록 돕고자 하는 관점

(2) 역량강화모델(empowerment, 권한부여. 임파워먼트)

① 역량강화는 자신이 처한 상황을 스스로 개선하기 위한 행동을 취할 수 있도록 개
  인적, 대인관계적, 정치적 측면에서 힘을 키워나가는 과정

② 역량강화는 CT가 자기 삶에 대한 결정과 행위에 있어 힘을 가질 수 있도록 원조하
  는 것

③ 자신이 필요한 자원을 환경에서 얻을 수 있다는 것

④ 자신이 삶의 주인이 되어 스스로 삶을 통제할 수 있도록 힘을 갖는 것

01) 콤튼과 갤러웨이(Compton & Galaway) 의 사회복지실천 구성 체계 중 다음 사례에서 언급되지 않은 체계는? **(14회 기출)**

> 정신보건사회복지사 A는 고등학생인 아들의 지속적인 음주문제를 도와달라는 어머니 B의 요청으로 그녀의 아들 C와 상담하였다. C는 학생으로서 자신의 음주 심각성을 인지하고 있지만 함께 어울리는 친구들의 압력을 거부할 수 없다고 하였다. 따라서 A는 학교사회복지사와 협력하여 C의 친구들을 함께 치료에 참여시키는 방안을 모색하고 있다.

① 행동체계
② 변화매개체계
③ 클라이언트체계
④ 표적체계
⑤ 전문체계

☞ 해설

어머니가 아들의 문제로 정신보건사회복지사에게 도와달라고 요청했으므로 서비스를 요청한 체계, 즉 클라이언트 체계는 어머니 B이다. 어머니의 고민이 해결되기 위해서는 아들의 문제행동이 개선되어야 하므로 아들 C는 표적체계이다. 변화를 일으키기 위해 일하는 변화매개체계는 정신보건사회복지사 A이다. 아들의 변화를 위해 학교사회복지사와 협력하고 아들의 친구를 참여시키려고 하므로 이들은 행동체계이다.

정답 ⑤

02) 콤튼과 갤러웨이(B. Compton & B. Galaway) 의 6체계에 관한 설명으로 옳지 않은 것은? (17회 기출)

① 표적체계: 목표달성을 위해 변화가 필요한 체계

② 클라이언트체계: 서비스나 도움을 필요로 하는 체계

③ 변화매개체계: 목표달성 위해 사회복지사가 상호작용하는 체계

④ 전문가체계: 변화매개체계에 영향을 미치는 교육체계나 전문가단체

⑤ 의뢰 – 응답체계; 서비스를 요청한 체계와 그러한 요청으로 서비스기관에 오게 된 체계

☞ 해설

• 변화매개체계: 계획적 변화를 목적으로 특수하게 고용되어 있는 '돕는 사람' 으로서 사회복지사와 사회복지사가 속한 기관이 해당됨

• 행동체계: 목표달성을 위해 사회복지사가 상호작용하는 체계는 행동체계임

정답 ③

제12장
|
통합적 관점(4)

1. 4체계 모델과 6체계 모델

1) 4체계 모델

(1) 개념

① 핀커스와 미나한은 일반체계이론을 사회복지실천에 응용한 변화매개체계, 클라이
언트체계, 표적체계, 행동체계로 나누어 4체계를 소개함

② 기존의 이분법적 사고를 뛰어넘어 사회복지사는 여러 수준의 다양한 체계들과 연
결되어 일 한다는 점을 강조함

(2) 통합적 접근 등장배경

① 인간의 문제는 여러 영역에 드러나기 때문에 단일한 접근 실천모델만으로는 전체
문제를 충분하게 접근할 수 없음

② 통합모델은 헵워드&라슨의 모델로서 과제중심체계, 인지치료, 행동수정, CT중심
치료, 자아심리학, 역할이론, 사회학습이론, 가족치료모델을 통합하는 체계적, 절
충적 문제해결 접근 필요

③ 생태체계모델, 문제해결모델, 단일화모델(라이프모델)

(3) 클라이언트체계와 표적체계의 관계 ★★★★

① 클라이언트체계＝표적체계
- 클라이언트체계와 표적체계가 일치하는 경우
- 클라이언트 자체가 문제해결을 위한 변화의 대상이 되거나 영향을 받게 되는 경우
- 사회복지사는 클라이언트체계와 협력해서 일할 수도 있고, 대신해서 일할 수도 있음

  예) 우울증 문제 해결을 위해 상담을 받으러 온 중년의 클라이언트

② 클라이언트체계≠표적체계
- 클라이언트체계와 표적체계가 일치하지 않는 경우
- 변화매개인 클라이언트를 접수하여 그의 문제를 돕는 경우
- 클라이언트의 문제해결을 위해 다른 사람이나 대상을 변화시키는 경우

  예) 담임선생님이 비행청소년을 학교 사회복지사에게 의뢰한 경우

  담임선생님 – 클라이언트체계, 비행 청소년 – 표적체계

  예) 법원의 명령으로 인지행동치료를 받으러 온 학교폭력 가해자의 경우

  법원 – 클라이언트체계, 학교폭력가해자 – 표적체계

2) 6체계모델

(1) 개념

① 콤튼과 갤러웨이(Compton&Galaway)는 사회복지실천을 구성하는 사회적 체계를 6가지로 나누었음
② 이는 핀커스와 미나한이 제시한 변화매개체계, 클라이언트체계, 표적체계, 행동체계에 전문가 체계, 의뢰 – 응답체계를 첨가한 것임

(2) 6체계의 구성

① 변화매개체계

  사회복지사와 사회복지사를 고용하고 있는 기관 및 조직

② 클라이언트체계

서비스 혜택을 기대하는 사람들, 도움을 요청하여 변화매개체인 사회복지사의 서비스를 제공받는 개인, 가족, 집단, 기관이나 지역사회

③ 표적체계

변화매개인이 목표를 성취하기 위하여 영향을 주거나 변화시킬 필요가 있다고 느끼는 사람

④ 행동체계

변화매개인들이 변화노력을 달성하기 위해 상호작용하는 사람들로 이웃, 가족, 전문가 등

⑤ 전문(가) 체계

- 전문가 단체, 전문가를 육성하는 교육체계, 전문적 실천의 가치와 사회적 인가 등
- 전문체계의 가치와 문화는 변화매개체계인 사회복지사의 행동과 사고에 영향을 줌
- 사회복지사는 기관 변화, 사회변화를 위한 옹호자 또는 대변자로서 역할을 수행할 때 전문가체계를 이용하는 경우가 많음

⑥ 의뢰 – 응답체계

- 클라이언트가 다른 사람의 요청이나 법원 경찰 등에 의해 강제로 사회복지기관에 오는 경우
- 일반 클라이언트체계와 구별하기 위해 사용됨

  의뢰체계: 서비스를 요청한 사람

  응답(자) 체계: 법원이나 경찰, 외부 전문가 등의 요청으로 서비스기관에 오게 된 체계

2. 문제 해결 모델, 생활모델, 단일화모델

1) 문제해결모델

(1) 문제해결모델의 기원

① 펄만(Perlman, 1957)은 클라이언트의 어려움은 문제에 있는 것이 아니라 문제를 해결하는 태도에 있다고 보고, 인간의 삶 자체가 지속적인 문제해결과정이라고 전제하면서 사회복지실천의 변화 표적을 '문제'로 제시함

② 문제해결 능력은 환경으로부터 정보를 얻게하고 생물학적, 심리적, 문화적 및 사회적 욕구들을 충족시키는데 이 정보들을 사용하도록 함

③ 문제해결모델에서는 인간의 능력에 대한 믿음을 바탕으로 한 삶 자체를 하나의 지속적인 문제해결과정으로 간주함

④ 사회복지실천이 클라이언트가 자신의 문제를 올바르게 평가하고 판단할 수 있도록 문제를 인식하고 주어진 문제를 해결할 수 있는 능력을 향상시켜주는 과정이라고 봄

⑤ 문제해결모델은 자아심리학, 실용주의 철학, 역할이론 혹은 사회심리학, 문화인류학의 영향을 받았음

⑥ 진단주의와 기능주의 두 가지의 영향을 동시에 받고 있는 절충주의의 대표작임

(2) 이론적 배경

① 자아심리학

　－ 에릭슨(Erikson)은 적극적이며 건강한 자아, 자율적 자아와 외부와 건설적으로 접촉하는 갈등 없는 에너지를 강조함

　－ 자아기능을 강조하는 자아심리학의 영향, 자아가 문제해결에 있어 중요한 역할을 하고 인성 문제의 해결을 시도하는 것으로 봄

② 듀이의 문제해결원칙

　－ 듀이(J. Dewey)의 영향으로 문제해결모델의 기반이 되는 자아의 인식을 검증하고 구성하는 반성적 사고의 과정 개념과 주체적 존재로서의 인간 개념을 도출함

　－ 반성적 사고란?

　　외부환경이나 자신의 행위를 판단하고 결정하게 만드는 인지적 과정을 의미하는 교육이나 학습은 문제해결과정을 습득하는 것이라고 보는 개념

　－ 주체적 존재로서의 인간

　　인간은 자극에 반응을 보이는 수동적 존재가 아니라 문제를 일으키는 스트레스

를 처리하는 주체적인 존재로 보는 것임

③ 역할이론

- 펄만의 문제해결과 직접적인 관계가 있는 개념은 사회적 역할(Social role) 임
- 문제해결모델의 사회적 역할 개념은 개인의 사회적 기능을 의미하는 것으로, 개인의 전체적 사회상황을 요약해주고 개인을 사회적 단위로 바라볼 수 있게 하는 데 기여함

④ 기능주의와 진단주의

- 정신분석학의 영향으로 개인의 심리 내적인 면에 치중하던 진단주의와 개인의 창조적 자아능력을 강조한 기능주의를 절충
- 펄만 자신은 진단주의 학파이지만, 기능주의의 장점을 받아들여 절충적인 입장에서 모델을 형성

- 진단주의
  정신분석의 영향, 인간에 대한 기계적, 결정론적 관점, 질병의 심리학
- 기능주의
  진단주의 학파에 반기를 들어 1930년대 등장, 오토 랭크의 '의지' 강조, 인간에 대한 낙관적 견해, 치료라는 말의 거부, 대신 원조과정이라 표현, 성장의 심리학

---

(3) 문제해결모델의 특징

① 문제 원인에 대한 입장

- 개인이 문제해결에 실패하는 것은 개인의 정신적인 결함이나 병리에 원인이 있는 것이 아니라 문제를 해결해 나가는 태도가 잘못되었기 때문임
- 문제가 클라이언트의 인성에서 비롯되는 것이 아니라 일상생활에서 경험하는 다양한 것으로 봄

② 개입 목적

- 클라이언트의 문제해결 능력을 회복시키는 것

③ 클라이언트에 대한 입장

- 클라이언트 자신이 문제 해결자
- 클라이언트의 자아가 중요한 역할을 함

④ 개입에서의 사회복지사의 역할

- 변화를 위해 클라이언트의 동기를 개발, 활력을 주며, 방향성을 제시함
- 문제에 대처하기 위해 클라이언트의 정신적, 감정적, 행동적 능력을 개발시키고 반복적으로 훈련시킴
- 문제의 경감 또는 해결에 필요한 자원을 클라이언트가 이용할 수 있도록 원조함

⑤ 개입과정: 문제해결의 과정

- 개인과 환경 간의 상호작용에 초점을 두고 개입함

- 접속단계: 문제 규정 및 목표 설정하기
- 계약단계: 활동 계획 수립하기
- 활동단계: 계획 실행, 종결 및 평가하기

(4) 펄만의 4P이론 ★★★★

- 펄만은 문제해결과정을 4P로 표현, 문제해결과정은 '문제(Problem)를 가지고 있는 사람(Person)이 어떤 장소(Place)에 자신의 문제를 가지고 도움을 얻기 위해 찾아오게 되며, 사회복지사는 이때 클라이언트와 문제해결기능에 관여하게 되고, 나아가 문제해결에 필요한 자원을 보완해주는 과정(Process)' 임
- 펄만은 이후에 전문가와 사회적 지지나 재화, 관계 등을 제공하는 제공물을 추가하여 6P로 확대

① 사람

- 인간의 행동에는 목적과 의미가 포함됨
- 행동이 행복을 가져다주는지의 여부는 성격구조와 관계됨
- 성격구조와 기능은 그 사람이 경험하는 신체적, 심리적, 사회적 환경과의 계속적 상호작용에서 생기는 유전적, 소실적 능력의 산물임
- 사람의 발달단계는 유전적 요소와 후천적 양육의 산물, 현재와 미래의 연속적인

과정 속에서 존재함
- 사람의 행동은 지위와 사회적 역할에 대한 기대에 따라 형성, 평가됨
② 문제
- 문제는 개인의 사회적 기능에 민감하게 영향을 주고받는 것임
- 클라이언트의 문제는 다면적이고 역동적이므로, 사회복지사와 클라이언트는 문제의 한 부분을 작업단위로 선택해야 함
- 인간생활의 모든 문제는 연쇄반응을 일으키는 경향이 있음
- 사람들이 당면한 문제에는 객관적, 주관적 의미가 있음
- 문제에는 내적, 외적 의미가 공존, 어느 하나가 다른 것의 원인이 되기도 함
③ 장소
- 사회복지서비스가 제공되는 물리적 공간, 사회복지기관을 의미함
- 사회와 사회집단의 의지에 의해 형성된 것임
- 욕구 충족을 위한 프로그램을 개발함
- 책임과 역할을 조직화, 수행하기 위한 기구를 가지며, 일정한 지침과 절차를 가지고 체계적으로 운영함
- 기관의 모든 직원은 기관의 기능을 위해 말하거나 행동하며, 사회복지사는 원조과정에서 기관을 대표함
④ 과정
- 사회복지실천과정에서는 사람들의 일반적인 문제해결 노력에 일어나는 장애의 종류를 우선 검토해야 함
- 실천과정은 클라이언트 스스로 문제에 관계하고 대처함으로써 현재뿐 아니라 장래 생활에도 안정성을 갖게 함

2) 생활모델(life model) ★★★

(1) 등장배경

① 1970년대 사회변화에 직면하여 사회복지분야의 책임에 대한 직접실천분야의 저항의 문제와 일반전문직의 실천분야의 확장의 문제가 대두

② 저메인과 기터만이 생태체계관점을 사회복지실천분야에 도입하여 생활모델을

개발함

(2) 개념
① 인간과 환경의 상호작용에 초점을 두고 개인, 집단, 지역사회 등 제반 체계에 개입
   할 수 있는 실천원칙과 기술을 통합한 모델로서 생활과정 안에서 문제를 해결해
   나가도록 하는 실천모델임
② 생활과정에서 사람의 강점, 건강을 향한 선천적인 지향, 지속적인 성장, 지역사회
   에서의 인간과 환경과의 조화 수준 증대 등에 역점을 두는 실천모델임
   ※ 개인의 병리나 결합을 교정하는 치료에 초점을 두는 접근과 차이가 있음
③ 개입목표는 개인과 그 외 환경 특성, 인간의 욕구와 환경자원 간의 적응수준을 향
   상시키는 것임
④ 개인, 가족, 집단, 지역사회에서 인간과 환경과의 조화에 역점을 두는 실천모델임
⑤ 생태체계 관점에 근거해서 구체적 실천모델 개발이라는 점에 의의가 있음

(3) 특징
① 클라이언트의 다양성 존중함
② 클라이언트와 사회복지사의 관계를 동반자적 관계로 봄
③ 제반 체계에 개입할 수 있도록 실천원칙과 기술을 통합함
④ 개인과 집단의 강점을 강조함

(4) 생활 영역에 일어나는 문제들
① 생활변천 – 발달성 변화(사춘기, 부모가 됨, 애인의 죽음: 위기)
② 환경압박 – 체계문제, 기회구조 성, 인종, 계급 등의 차별
③ 대인관계 문제 – 가족, 집단과 의사소통문제, 장애에 부닥칠 때

3) 단일화모델(unitary model)
(1) 개념과 특징
① 통합적 방법론의 대표적 모델로서 사회체계모델, 사회학습모델, 과정모델 등을 결

합하여 골드스타인이 체계화

② 과정모델을 조사와 평가, 의뢰와 중재 및 평가적 전략이라 하며, 사회복지실천의 여러 가지 다른 단계들, 즉 사회복지의 역할유도단계, 핵심단계 및 종결단계를 통하여 반복적으로 일어나는 것으로 설명하려고 시도함

③ 전체 과정모델을 여러 가지 표적의 형태인 개인, 가족, 집단 및 지역사회로 구분하여 구체화된 단계와 연계시킴

④ 이 모델은 유기체로서의 개인과 역동적인 사회관계 및 양자 간의 상호관계에 초점을 둠

⑤ 사회복지사의 기능에 관심을 집중시켜, 사회복지사가 자원을 확보하고 활용하는 능력으로 사회변화가 가능함을 강조함

⑥ 사회학습을 개인이나 소집단 체계에 국한시키지 않고 조직이나 지역사회 등 보다 큰 체계들이 변화될 수 있음을 강조함

01) 핀커스와 미나한(Pincus & Minahan)이 제시한 '변화매개체계'에 관한 설명으로 옳은 것은?   (14회 기출)

① 목표달성을 위해 사회복지사와 공동으로 노력하는 모든 체계를 의미한다.

② 목표달성을 위해 변화시킬 필요가 있는 대상을 의미한다.

③ 사회복지사와 사회복지사가 속한 기관을 의미한다.

④ 서비스나 도움을 필요로 하는 사람들을 의미한다.

⑤ 법원, 경찰 등에 의해 강제로 의뢰가 이루어진 사람들을 의미한다.

☞ 해설

핀커스와 미나한이 제시한 4체계 중 변화매개체계는 계획적 변화를 목적으로 특수하게 고용되어 '돕는 사람', 즉 사회복지사 및 사회복지사를 고용하고 있는 기관 및 조직이다.

정답 ③

02) 생태체계모델 적용의 예가 아닌 것은?   (12회 기출)

① 개인과 환경 간의 지속적이고 순환적인 교류과정을 이해한다.

② 개인적 욕구와 환경적 욕구 사이의 조화와 균형 정도를 이해한다.

③ 생태도를 활용하여 미시, 중간, 거시 체계들 사이의 자원과 에너지의 흐름을 파악한다.

④ 클라이언트의 문제를 체계 내의 개인적 부적응 또는 역기능으로 파악한다.

⑤ 문제에 대한 다중 원인 가능성, 문제 현상의 설명에 대한 불확실성을 전제한다.

☞ 해설

생태체계모델과 생태체계관점은 동일한 개념이다. 생태체계모델에서는 클라이언트의 문제를 체계 내의 개인적 부적응 또는 역기능 파악하지 않고, 개인과 환경 간 적합성이 낮은 것으로 파악한다.

정답 ④

제13장
|
관계형성

1. 관계형성의 중요성

1) 관계(펄만)

공통의 이해관계를 지닌 두 사람의 간의 정기적 또는 일시적으로 감정의 상호작용, 상호 간의 정서적 교환 및 태도, 역동적 상호작용, 두 사람의 연결매체, 전문적 만남, 상호 간의 과정 등을 의미함

(1) 사회복지실천에서 관계의 중요성

① 클라이언트와 사회복지사 간의 정서적 교감을 기초로 이루어지는 관계로서 전문성, 의도적인 목적성, 시간제한성, 권위성 등의 특징을 포함함
② 사회복지실천에서 사회복지사와 클라이언트가 관계를 형성하는 목적은 클라이언트가 환경에 좀 더 잘 적응할 수 있도록 돕는 것을 의미함
   ※ 관계는 성공적인 개입을 위해 가장 중요한 요소

2) 사회복지실천에서 관계의 특징: 전문적 관계 ★★

클라이언트는 도움을 요청하고 사회복지사는 전문적 도움을 제공하는 전문적 관계로 전문적 관계는 언제나 클라이언트의 입장에서 출발해야 하며 사회복지사는 관계의 전반적인 과정에 전문적 책임을 지게 됨

① 클라이언트와 사회복지사가 서로 합의한 목적이 있는데, 클라이언트의 좀 더 나은 적응 및 문제해결을 위한 원조로 의도적인 목적성을 지녀야 함(의도적 목적성)

② 클라이언트와 구체적으로 한정된 기간을 갖고 관계를 맺기 때문에 시간 제한적임 (시간 제한적)

③ 사회복지사는 자신의 이익보다 클라이언트의 이익을 위해 자신을 헌신해야함 (CT에 대한 헌신)

④ 사회복지사는 특화된 지식 및 기술 그리고 전문직 윤리강령에서 비롯되는 권위성 을 지님(권위성)

⑤ 객관성을 유지하고 자기 자신의 감정, 반응, 충동을 자각하고 그 책임을 진다는 의 미에서 통제적 관계임(통제적 관계)

2. 원조관계형성의 구성요소 ★★★★

1) 전문적 관계형성의 요소
(1) 타인에 대한 관심과 원조의지 - 좋은 관계 형성 위한 태도
① 전문적 관계형성 요소로는 긍정적 인정으로 클라이언트에게 일어난 일에 대해 진 실한 관심을 가짐

② 클라이언트가 느끼는 감정에 대해 교류할 수 있어야 함

(2) 헌신과 의무
① 헌신과 의무는 원조과정에서 책임감을 의미하는 것으로 일관성을 포함하는 개념임

② 전문적 관계에서 관계의 목적을 달성하기 위해서는 사회복지사뿐 아니라 클라이 언트도 관계에 대한 헌신과 의무를 가져야 함

(3) 권위와 권한

① 권위(authority)는 클라이언트와 기관에 의해 사회복지사에게 위임된 권한 (Power)임

② 사회복지사는 전문적 지식과 경험을 보유함으로써, 일정한 지위에 있음으로써 영 향력을 미칠 수 있는 권한을 가질 수 있는데, 권위와 권한을 잘못 사용하는 경우 클라이언트가 사회복지사에게 불신과 반감을 표현하거나 저항을 할 수 있음으로 사회복지사는 자신이 갖는 권위와 권한의 내용, 범위 및 사용방법 등을 클라이언 트에게 설명하여 클라이언트가 안전과 보호의 느낌을 가질 수 있도록 해야 함

(4) 진실성과 일치성 ★★★★

① 진실성과 일치성은 별개의 것이 아니라 같은 개념으로 보기도 함

② 클라이언트와 전문적 관계에서 진실성이란 사회복지사가 클라이언트에게 정직하 고 위선적이지 않은 태도를 유지하는 것인데 이를 일치성이라고도 함

③ 클라이언트에게 진실하기 위해서 사회복지사는 말과 행동이 일치하고 자신의 감 정을 속이지 않는 등 일치성을 지켜야 진실성을 가질 수 있기 때문임

④ 클라이언트와의 전문적 관계에서 사회복지사의 진실성을 증진하기 위해서 사회복 지사는 자기 자신에 대해 끊임없이 인식하고 성찰해야 하며, 타인에 대한 관심, 수 용, 헌신 등 전문적 관계에서 필요한 기본적인 요소를 갖추고 이를 향상시키기 위 해 노력해야 함

(5) 구체성

① 클라이언트가 자신의 행동, 사고, 감정을 자신의 독자적인 방법으로 표현할 수 있 도록 도와주는 능력임

(6) 직접성

① 사회복지사와 클라이언트가 현재 일어나고 있는 상호작용 속에서 경험하는 행동, 감정 그리고 사고에 있어서의 현실을 정확히 묘사하고 명확히 하며, 진지하게 토 의하면서 바로 그 장면에서 그러한 현실을 직접 수정할 수 있는 능력을 말함

(7) 자기노출

① 자기노출은 사회복지사가 원조과정에서 적절하다고 생각되는 자신의 경험을 클라이언트와 함께 나누는 것을 말함

(8) 감정이입 ★★★★

① 감정이입은 다른 사람의 감정을 깊이 느낄 수 있는 능력이며 동시에 그 감정에서 분리되어 객관적 지식을 활용할 수 있는 능력을 말함
② 사회복지사는 클라이언트에게 감정이입을 하면서도 문제 자체와 그 해결 가능성을 객관적으로 분석하고 이성적으로 행동해야 하며, 비언어적 표현에 대한 민감성이 필요함
③ 공감단계 – 주의 깊은 경청, 적절한 말 찾기, 마음 전하기
④ 공감적 이해 – 감수성 차원(감성 포착), 의사소통차원(내적외적 감정이해)
⑤ 공감이란? 비난 때문에, 마음에 상처를 느끼시는군요

(9) 전문가로서의 사회복지사의 자질

① 성숙함 – 변화와 성장에 대한 두려움 없이 수용, 자신을 성장 발전시킴
② 창조성 – 문제해결책에 대해 개방성 유지와 최선의 해결책 찾기 노력
③ 자기를 관찰하는 능력 – 자신을 신뢰, 자신의 복잡한 개입활동 부분 관찰 능력
④ 용기 – 실패, 예측할 수 없는 상황에 연관되는 일 등을 받아들일 수 있는 힘
⑤ 민감성 – CT의 내면세계를 느끼고 감지할 수 있는 능력

2) 관계형성의 원칙 ★★★★★

(1) 관계의 7대 원칙

> 비에스텍(F. Biesteck)은 관계를 '사회복지사와 클라이언트 간의 감정과 태도의 역동적인 상호작용' 이라고 정의함
> 그는 원조를 구하는 사람들에게는 공통적인 기본 감정 및 태도 유형이 존재한다고 하면서 이를 바탕으로 관계를 7대 원칙을 정립함

클라이언트의 욕구	관계 요소	내용
개별적인 개인으로 취급되기를 바라는 욕구	개별화	각 클라이언트가 개별적인 독특한 특성을 가지고 있다는 것을 인정하고 이해하여 개별 클라이언트를 원조하는 내용과 방법, 과정에서 개별적으로 다루어져야 한다는 원칙
자신의 감정을 자유롭게 표현하고자 하는 욕구	의도적인 감정표현	클라이언트가 감정을 표현하고 싶은 욕구를 인식하여 클라이언트가 자신의 감정을 자유롭게 표현하도록 도와주는 것
문제에 대한 공감적 반응을 얻으려는 욕구	통제된 정서적 관여	클라이언트의 감정에 민감성을 가지며, 그것의 의미에 대해 이해하고 클라이언트의 감정에 대한 의도적이고 적절한 반응을 하는 것
가치 있는 인간으로서 인정받고자 하는 욕구	수용	클라이언트를 있는 그대로 이해하는 것
판단 받고 싶지 않은 욕구	비심판적 태도	문제의 원인이 클라이언트의 잘못 때문인지 아닌지, 어느 정도 클라이언트에게 책임이 있는지 등을 심판하지 않으며, 클라이언트의 특성 및 가치관을 비난하지 않는 것
자기 스스로 선택하고 결정하고자 하는 욕구	클라이언트의 자기 결정	클라이언트가 모든 의사결정 과정에 참여하여 스스로 선택하고 결정하는 자유를 누리게 하는 것 * 허용과 동의는 아님
자기에 관한 사적인 정보나 비밀을 지켜나가고자 하는 욕구	비밀보장	클라이언트가 전문적 관계에서 노출한 정보를 사회복지사가 전문적 치료 목적 외에 타인에게 알려서는 안 된다는 원칙

① 개별화
   - 클라이언트 개개인의 독특한 자질을 알고 이해하는 일이며, 보다 나은 적응을 할
     수 있도록 개인을 도와줄 때 상이한 원리나 방법을 활용하는 것임
   - 개별화는 인간은 개인이며, 불특정한 한 인간으로서가 아니라 개별적 차이를 지닌
     특정한 인간으로서 처우되어야 한다는 것임
② 의도적인 감정표현(Purposive expression of feeling) ★★★★★
   - 클라이언트가 감정을 표현하고 싶은 욕구를 인식하여 클라이언트가 자신의 감
     정을 자유롭게 표현하도록 도와주는 것을 의미함
   - 사회복지사는 의도적으로 귀담아 듣고 클라이언트의 감정표현을 낙심시키거나
     비난하지 말아야 하며 개별사회사업의 일부로서 또는 원조 상 필요한 경우 클라
     이언트에게 감정표현을 할 수 있도록 자극을 주고 격려해 주어야 함
③ 통제된 정서적 관여(controlled emotional response) ★★★★

- 클라이언트의 감정에 민감성을 가지며, 그 의미에 대해 이해하고, 클라이언트가 감정에 대한 의도적이고 적절한 반응을 하는 것을 말함
- 클라이언트의 감정에 대한 사회복지사의 민감성, 이에 대한 감정 이입적 이해, 적절한 반응으로 이루어지며, 원조 목적에 맞게 통제되고 조절되어야 함

④ 수용(acceptance) ★★★★
- 수용은 클라이언트의 장점과 약점, 혹은 단점 등을 포함하여, 있는 그대로의 모습을 이해하고 다루어 나가는 행동의 특징으로 클라이언트가 불평하고 부당한 요청을 하는 등 클라이언트가 자신을 어떠한 모양으로 표현하더라도 그것을 비판하지 않을 것임
- 사회복지사의 인내심, 경청하려는 의지 등을 통해서 나타나며, 수용의 목적은 치료적인 것에 있음

⑤ 비심판적인 태도(nonjudgmental attitude) ★★★★
- 문제의 원인이 클라이언트의 잘못 때문인지 아닌지, 혹은 클라이언트에게 책임이 있는지 등을 언어 혹은 비언어적 것으로 표현하지 않고, 클라이언트의 특성 가치관을 비난하지 않는 다는 원칙임

⑥ 클라이언트의 자기결정(client self - determination) ★★★★
- 사회복지실천과정에 있어서 클라이언트의 자기선택과 결정을 내릴 수 있는 권리와 욕구를 실제로 인식하여 클라이언트가 모든 의사결정 과정에서 참여하여 스스로 선택하여 결정하는 자유를 누리게 하는 것을 말함
- 클라이언트 스스로 자기가 나아갈 방향을 결정하려는 것을 존중하며 그 욕구를 결정하는 잠재적 힘을 자극하여 활동하게 할 수 있도록 도와줌
- 클라이언트의 자기결정권은 적극적, 건설적 결정을 내릴 수 있는 클라이언트의 능력 및 법률이나 도덕의 테두리 또는 사회기관의 기능의 테두리에 따라 제한을 받음

⑦ 비밀보장(confidentiality) ★★★★
- 클라이언트가 전문적 관계에서 노출한 정보를 사회복지사가 전문적인 치료 목적 외에 타인에게 알려서는 안 된다는 사회복지실천의 가장 기본적인 원칙이며, 사회복지사의 윤리적 의무임

- 이는 절대적인 것은 아니고 예외적인 상황이 있음: 비밀보장의 한계
- 클라이언트 자신의 내적갈등
- 타인의 권리와의 충돌
- 사회복지사의 권리와 충돌
- 기관의 권리와의 충돌
- 기관에 보관되는 기록이나 동료와의 사례회의
- 타인이나 클라이언트의 생명을 보호해야 할 경우

01) 비에스텍(F. Biesteck)의 관계의 원칙에 관한 설명으로 옳은 것은?

(16회 기출)

① 의도적 감정표현이란 클라이언트와의 라포 형성을 위해 사회복지사의 감정을 주의 깊게 표현하는 것이다.

② 수용이란 클라이언트의 행동변화를 위해 바람직한 가치를 받아들이도록 격려하는 것을 의미한다.

③ 개별화란 클라이언트가 속한 집단적 특성을 탐색하는 과정을 포함한다.

④ 비심판적 태도란 클라이언트의 자기결정능력이 부족한 경우에 판단을 유보하는 것이다.

⑤ 통제된 정서적 관여란 클라이언트가 자기이해를 통해 부정적 감정에 직면하도록 강화할 때 필요하다.

☞ 해설

개별화 원칙을 적용하기 위해서 사회복지사는 특정 클라이언트 집단에 대한 편견과 선입견에서 벗어나야 한다.

정답 ③

02) 전문적 관계 기본 원칙 중 다음 내용 모두에 해당되는 것은?　　　　(17회 기출)

> • 문제의 해결자가 사회복지사가 아닌 클라이언트임을 강조함
> • 법률에 따라 제한되는 경우를 제외하고 최대한 존중되어야 함
> • 사회복지사가 문제해결을 위해 다양한 대안을 알고 있어야 함

① 수용　　　　　　　② 비밀보장　　　　　　　③ 비심판적 태도
④ 통제된 정서적 관여　　　⑤ 클라이언트의 자기결정권

☞ 해설

⑤ 클라이언트의 자기결정권: 사회복지실천 과정에서 스스로 선택하고 결정할 자유
에 대한 클라이언트의 권리와 욕구를 인정하여 클라이언트가 모든 의사결정 과정
에 참여하여 스스로 선택하고 결정하는 자유를 누리게 하는 것이다.

정답 ⑤

제14장

|

관계형성의 장애요인

1. 관계형성의 장애요인 ★★★

1) 사회복지사에 대한 클라이언트의 불신

(1) 불신의 원인

① 클라이언트가 사회복지사를 불신하는 것은 대부분 과거에 경험한 다른 관계에서 비롯되는 경우가 많음

② 사회복지사의 온정, 관심, 공감하는 좋은 의도에도 불구하고, 클라이언트는 수주 내지는 수개월 동안 사회복지사를 시험하며 방어를 철회하지 않은 경우가 있음

(2) 사회복지사의 대처

① 사회복지사를 신뢰하지 않는 클라이언트를 만나면 사회복지사는 인내하고 참아야 함

② 신뢰와 긍정적 관계가 성립하기 전에 드러내게 하는 클라이언트를 소원하게 하거나, 사회복지사를 시험하는 기간을 더 길게 하거나, 클라이언트가 관계 중단을 재촉하는 결과를 가져올 수 있음

③ 클라이언트 중 많은 이들이 절박하게 도움이 필요, 약속을 제대로 지키지 않는 것

은 동기가 부족하기보다 회피하는 경향임을 인식하는 것이 필요함

④ 사회복지사가 클라이언트의 회피행동 뒤에 숨어 있는 두려움에 맞설 수 있도록 돕는다면 치료에 도움이 됨

2) 전이 ★★★

(1) 개념

① 클라이언트가 다른 사람(대개 부모를 대신하는 사람, 형제자매) 과의 과거의 경험에서 비롯된 소망, 두려움 등을 사회복지사에게 보이는 것임

② 공공부조, 아동복지, 교정 현장에서 많은 클라이언트가 정서적으로 박탈당한 배경이 있거나, 클라이언트에게 모욕감과 분노를 느끼게 했던 사회복지사를 경험한 적이 있거나, 클라이언트를 무기력한 존재로 간주한 사회복지기관에 대한 전이반응을 보일 수 있음

③ 대처기술이 없어 자신이 문제에 대해 도움을 받기 원하며 의존하고자 하는 한편, 두려움과 부정적 감정이 강해서 전문가에 관계 맺는 것이 어려움

④ 전이반응은 비현실적인 왜곡을 낳아 변화에 대한 저항을 일으킴

(2) 전이반응 다루기

① 클라이언트의 반응이 비현실적임을 지적, 사회복지사에 대한 현실적인 관점을 갖도록 할 것

② 사회복지사에 대한 감정을 과거에 다른 사람에게도 느낀 적이 있는지 알아보고 그 근원에 대해 클라이언트가 깨닫도록 도와줌

③ 클라이언트가 어린 시절, 신체적 또는 성적 학대 등 외상성 스트레스를 경험했다면, 과거 경험을 차분하게 설명하게 하고 탐색하는 것이 필요함

3) 역전이 ★★★

(1) 개념

① 전이와 반대로 사회복지사가 CT를 마치 자신의 과거 어떤 시점의 인물이나 관계에서 파생된 감정, 소망, 무의식적 방어 유형과 관련. 객관적 인식을 방해하고 치

료를 방해하는 감정반응과 행동을 만들어 긍정적 상호작용을 차단하는 것
② 왜곡된 인식과 감추어진 부분, 소망과 치료를 방해하는 감정반응과 행동을 만들어
내면서 관계를 악화시킴
예) 부모의 이혼으로 인해 할머니 집에서 자란 사회복지사가 아이를 시부모에게 맡
기고 이혼하려는 클라이언트를 비난하는 경우

(2) 역전이 다루기
① 사회복지사는 자신의 감정의 기원에 관심을 갖고 현실적인 관계에 관점을 갖도록
노력
② 역전이로 인해 관계를 지속할 수 없을 경우에는 사회복지사 자신의 문제로 인해
관계를 지속할 수 없음을 알리고 다른 사회복지사에게 의뢰

4) 저항 ★★★
(1) 개념
① 사회복지사와 클라이언트의 관계에서 변화를 방해하는 힘
② 마음을 터놓고 논의하지 않고, 변화 노력을 방해하는 것, 주저하거나 중지하는 것,
치료적 작업 과정을 방해하는 행동이나 태도 등

(2) 저항의 유형
① 침묵: 클라이언트가 말을 하지 않거나 할 말이 없다고 하거나 말하고 싶지 않다고
하는 경우
② 주제와 관련 없는 이야기하기: 쓸데없는 이야기를 하는 경우
③ 비관적이고 무력한 태도: "난 아무것도 못해요", "하기 싫어요"라는 식의 무력감을
나타내는 경우
④ 문제를 축소하거나 마술적 해법을 기대함: "다 잘되겠죠"라고 말하면서 문제를 직
면하지 않고 회피하는 것
⑤ 저항을 행동화함: 지각이나 결석하는 것, 면담 중 딴 짓을 하면서 산만한 행동을
하는 것 등

(3) 저항의 진행단계: 갈등→방어→해결→통합

① 갈등단계

  - 자신의 문제와 관련되어 생각, 태도, 행동 등에 변화가 필요하다는 것을 알면서
    도 익숙한 것들을 그대로 유지하고 싶은 양가감정으로 갈등상황에 놓여 있음

② 방어단계

  - 익숙한 양식이 위협을 받게 되자 이에 대해 방어하게 됨

  - 변화의 필요성을 느끼는 클라이언트는 방어적 감정을 빨리 극복하지만 기존의
    행동을 고수하거나 자신을 합리화시키는 클라이언트도 있고 제안을 불신하는 클
    라이언트도 있음

③ 해결단계

  - 클라이언트의 상태를 이해하고 지지해주면 클라이언트는 변화에 대해 희망을
    갖기 시작하고 시도해보려는 결심을 하게 됨

④ 통합단계

  - 새로운 행동과 생각들을 기존의 것과 통합시키게 되고 새로운 것이 익숙해져 다
    시 이것을 변화시키려는 순환단계를 밟게 됨

  - 이 순환단계를 되풀이하면서 클라이언트는 성장하고 발전됨

(4) 저항의 원인

  - 양가감정: 유지하고 싶은 마음과 변화에 대한 두려움

  - 서비스 개입에 대한 오해와 선입견

  - 사회복지사에 대한 부정적 감정

(5) 저항 다루기: 전반적인 태도

  - 저항이 변화로의 진전을 심각하게 방해할 경우에만 다루는 것

  - 저항의 저변에 있는 현재의 감점에 초점

  - 익숙하지 못한 상황에 직면하거나 압도될 때 경험하는 염려, 두려움 등에 대
    해서 클라이언트의 두려움을 탐색, 시범, 역할극을 통해 상황에 익숙해지도록
    도움

- 서비스와 개입의 절차를 클라이언트가 잘못 할 때, 서비스와 기관의 특성을 명확히 설명, 서로의 역할을 분명히 하고, 클라이언트의 자기결정을 옹호할 것
- 저항이 부정적인 것으로만 생각지 말고 변화의 자연스러운 과정으로 생각할 것

(6) 클라이언트의 침묵 다루기
- 침묵에는 여러 가지 의미가 있기 때문에 침묵의 의미를 파악하는 것
- 적절한 침묵은 클라이언트에게 생각을 공유토록, 용기와 기회 제공
- 짧은 침묵은 정중한 침묵으로 대응하는 것이 좋음
- 만약 침묵이 길어지면 사회복지사는 그 침묵을 탐색할 것

(7) 클라이언트의 양가감정 다루기
- 클라이언트에게 양가감정은 자연스러운 것임을 알려주어 클라이언트가 양가감정을 수용, 자유롭게 표현토록 할 것
- 양가감정을 수용, 표현하면 저항이 줄어들게 됨

5) 미숙하거나 부적절한 사회복지사의 태도
중요한 감정을 인식 못하는 것, 비난 비방 메시지 보내는 것, 피곤해 하거나 침착하지 않는 것, 과도한 조언이나 충고, 반대 입장 표현하는 것

6) 변화에 대한 반대 다루기
지금 여기에 관점으로 토론, 감정이입 초점, 공감, 따뜻한 수용, 자기 개방

7) 긍정적인 해석
방어를 최소화, 감정관점 행동

8) 성장의 기회로 문제 재규명
긍정, 강조, 변화 후 장점 부각

9) 직면하기

자신의 문제 원인 또는 문제에 영향을 미치는 사고 또는 감정 등에 직면하는 것, 자기 인식 고양, 변화촉진 도구, 존중하는 태도로 전달

10) 사회복지실천 활동 점검하기

  - 자신의 실천: 활동에 대해 모니터링
  - 수퍼비젼을 받아 관계 형성 방해 오류를 줄일 것

01) 클라이언트가 과거에 타인과의 관계에서 경험하였던 소망이나 두려움 등의 감정을 사회복지사에게 보이는 반응은?   (14회 기출)

① 불신   ② 양가감정
③ 비자발성   ④ 전이
⑤ 망상

☞ 해설

전이는 정신분석이론에서 나온 개념, 클라이언트나 환자가 과거에 부모나 가족원 등 타인에게 경험했던 강점, 욕망, 기대 등을 사회복지사 혹은 치료자에게 나타내는 현상을 의미한다.

정답 ④

02) 전문적 원조관계의 기본 요소인 사회복지사의 문화적 민감성 관련 내용으로 옳은 것은?   (15회 기출)

① 문화적 다양성과 유사성을 인지하고 선호나 옳고 그름의 가치를 부여
② 자신의 문화를 중심에 두면서 타 문화를 이해하기 위해 의사소통
③ 출신국가, 피부색 간에 존재하는 권력적 위계관계 무시
④ 자신의 문화에 대한 인식에 기초하여 다문화 배경 클라이언트의 상황을 규정
⑤ 다문화 생활경험과 가치에 맞는 개입전략 개발

☞ 해설

⑤ 클라이언트는 다양한 문화에서 다양한 생활방식으로 생활해왔다. 따라서 사회복지사는 클라이언트의 다양한 생활경험과 그들의 문화 및 가치에 맞는 개입전략을 개발하고 적용해야 한다.

정답 ⑤

제15장
|
면접의 방법과 기술

1. 면접의 목적 ★★

1) 면접의 개념
① 최소한 두 사람 이상의 특정한 목적
② 언어적 · 비언어적 의사소통의 다양한 방식
③ 인간의 행동, 반응에 대한 전문적 지식과 정교한 인간관계 기술을 갖춘 사회복지사가 클라이언트의 문제를 이해하고 원조하는 목적을 갖고 의도적으로 이끌어나가는 전문적 대화를 의미함

2) 사회복지면접의 특징 ★★★
① 특정상황에 한정(세팅과 맥락) 특정한 기관의 상황
② 목적지향적인 활동, 의사소통 방향은 개입 목적에 관련된 내용들로 지향됨
③ 계약에 의하며, 클라이언트와 사회복지사가 목적 달성을 위한 과정을 상호 합의한 상태에서 진행함
④ 공식적, 의도적 활동임

⑤ 면접자(사회복지사)와 피면접자(클라이언트)는 각각 특정한 역할관계를 규정, 그 역할에 따라 상호작용

3) 면접의 목적: 이해와 원조
① 문제해결을 위한 정보를 얻고 면접을 통해 클라이언트에게 도움을 주는 것임
② 문제에 대해 충분히 이해, 적절한 원조를 제공
③ 개인, 가족, 사회적 환경 등에 관한 여러 가지 정보를 수집하고, 서비스 결정을 위한 사정, 기능 향상 및 환경변화를 위한 개입 등이 면접의 목적임
④ 상황에 대한 정보를 수집하고 이해한다면 클라이언트의 문제를 더 잘 이해할 수 있음

4) 면접의 유형 ★★
(1) 구조화 정도에 따른 면접의 종류
① 구조화된 면접(=표준화된 면접), 반구조화 면접, 비구조화된 면접(=비표준화 면접)
② 면접의 종류는 각각 장점, 단점, 면접의 목적, 상황에 선택적으로 상호보완적으로 사용함

(2) 구조화된 면접
① 표준화된 면접
② 면접자가 표준화된 면접조사표나 질문들을 만들어서 면접상황에 관계없이 모든 피면접자에게 동일한 절차와 방법으로 면접을 수행
③ 임의로 질문의 내용, 형식, 순서를 변경할 수 없으며, 면접계획과 내용에 따라 순서를 기계적으로 진행
④ 서로 다른 피면접자 간의 면접내용을 비교할 수 있음
⑤ 한계로는 논리적인 반응을 하게 되는 경향이 있어 정서적 내용은 거의 없으며, 피면접자에 따라 특정 질문이 해당하지 않거나 부적절할 수 있어 면접시간을 낭비

구조화된 면접이 적절한 경우

• 수집한 자료를 비교하는 것이 중요할 때

• 한 명 이상의 면접자가 면접을 수행할 때

• 면접자의 면접 경험이 부족할 때

(3) 반구조화된 면접

① 지침이 있는 면접

② 미리 결정된 질문이나 주요단어가 있음

③ 구조화된 면접과는 달리 각각의 이슈에 대하여 특정 질문을 미리 만들지는 않지만, 피면접자의 반응에 따라 적절한 시점에서 개방형의 질문

④ 비구조화된 면접이나 구조화된 면접 양자의 장점을 활용

⑤ 특정 관점에서 질문, 구조화된 면접보다 개방형 방식으로 질문

⑥ 사람들 사이의 정보를 비교, 각각의 개인 경험에 대한 심층적 이해를 원할 때

(4) 비구조화된 면접

① 개방형 면접이라고 함

② 사람들의 견해를 이해하는 가장 좋은 방법 중의 하나임

③ 구조화된 면접에서 사용하는 표준화된 질문들로 구성된 면접목록을 사용하지 않음

비구조화된 면접이 적절한 경우

피면접자의 세계에 대해 심층적이며 자세한 묘사와 이해를 얻고자 할 때 사용함

5) 목적에 따라 사회복지실천의 면접

(1) 정보 수집을 위한 면접(사회력 면접/사회조사)

① 정보 수집을 위한 면접의 목적은 클라이언트와 그의 상황을 이해하는데 필요한 정보를 수집하는 것으로 사회력 면접 또는 사회조사라고도 할 수 있음

② 클라이언트 개인이나 클라이언트를 둘러싼 상황에 대해 정보를 수집하고 이해하

면 클라이언트의 문제를 더 잘 이해할 수 있음

③ 정보수집 면접은 클라이언트의 유형, 문제영역, 기관의 성격에 따라 초점이 달라
질 수 있음

예) 아동 보호기관 – 부모의 학대 및 방임의 형태, 아동의 신체적 손상, 정신적 외
상 등

④ 객관적인 사실과 주관적인 감정, 태도 등이 포함됨

⑤ 면접에 포함되는 내용

일반적 사항	나이, 성별, 학력, 결혼상태, 주소 등
현재 문제	현재 문제 상황, 현재 문제와 관련된 과거력 등
가족력	클라이언트와 원 가족과의 관계, 부모형제관계, 부부관계, 자녀관계 등
개인력	아동기 성장과정, 발달단계상의 문제, 학교생활, 교우관계, 직장생활, 결혼생활
사회적 · 직업적 기능	클라이언트의 사회적 · 직업적 기능 정도 등

(2) 사정을 위한 면접

① 사정을 위한 면접은 서비스에 대한 의사결정을 하기 위한 면접으로서 정보를 수집
하기 위한 면접보다 목적 지향적임

② 클라이언트가 처해 있는 현재 문제 상황, 목표를 달성하기 위해 어떤 개입방법을
선택해야 할지 결정하게 됨

(3) 치료를 위한 면접

① 클라이언트를 도와서 그 자신이 변화하거나 클라이언트의 기능 향상을 위한 사회
적 환경을 변화시키기 위해 실시함

② 면접을 통해 클라이언트에게 자신감과 자기효율성을 강화하고, 필요한 기술을 훈
련하며 문제를 해결할 수 있는 능력을 키움

③ 환경을 바꿀 목적으로 면접하는 경우도 있는데, 클라이언트와 관련이 있는 중요한
사람들 혹은 클라이언트의 이익과 권리를 옹호하고 대변할 수 있는 사회복지기관,
지역사회, 공공기관, 관련 공무원 등이 면접의 대상이 됨

(4) 면접구성 요소

① 장소
- 일반적 조건: 사무실, 상담실, 가정 등 안락하고 조용한 곳
- 특성에 따른 장소: CT의 선호와 사례의 특성에 따라 집, 병원, 대기실, 정류장, 공항, 공원, 운동장
- 기타: 채광, 조명, 온도, 가구, 분위기, 개방적, 독립적, 공간 등

② 시간
- 면접단계: 시작, 중간, 종결단계
- 시간제한계획: 신속한 진행, 45분~75분 사이, 종결시간
- 상황에 따른 시간과 횟수: 주당 1시간, 몇 개월, 2~3일 간헐적

③ 면접자 태도
- 옷차림과 행동
- 호칭
- 개인적 질문
- 관심 따뜻함, 신뢰 보여주기

2. 면접의 기술

1) 관찰

(1) 관찰의 개념과 특징

관찰이란 사회복지실천의 모든 과정 동안 사용하는 기술로서 클라이언트가 말하고 행동하는 것에 주의를 기울이는 것

① 비언어적 메시지 – 비언어적 표현에도 관심을 기울일 것(표정, 손놀림, 눈맞춤 억양 등)

② 시작하는 말과 종결하는 말에 주목

③ 대화 중 화제를 바꾸는 것

④ 반복적 언급

⑤ 진술의 불일치
⑥ 감춰진 의미
⑦ 침묵

2) 경청

(1) 경청의 개념과 특징

경청이란 클라이언트가 무엇을 표현하는지, 감정과 사고는 어떤 것이든지를 이해하고 파악하면서 듣는 것으로 단순한 듣기가 아닌, 클라이언트의 사고와 감정을 이해하기 위한 적극적인 활동

① 사회복지사가 클라이언트의 이야기를 주의 깊게 듣고 반응함으로써 클라이언트와 신뢰관계 형성이 쉬워지고, 클라이언트의 자기개방이 증진되어 문제해결과 경청만으로 클라이언트는 감정의 정화와 마음의 안정을 경험할 수 있음

② 클라이언트에게 자신이 잘 듣고 있다는 표현을 하기 위해서, 또는 클라이언트가 자신의 메시지가 정확히 전달되었는지 알 수 있도록 들은 것에 대해 반응을 보여주고 사회복지사는 클라이언트의 언어적, 비언어적 메시지에 모두 주의를 기울여야 함

③ 적극적 경청
- 주의 기울이기
- 관련 정보 요청
- 요약하기
- 끼어들지 않기

3) 질문 ★★★

(1) 질문의 개념과 특징

① 질문지법

클라이언트의 문제 상황에 대한 정보를 수집하고 동시에 클라이언트가 문제에 관한 자신의 생각과 느낌을 표현하도록 효과적으로 이끌기 위한 방법으로 질문지법이 있는데, 이는 현재의 문제를 보다 잘 다룰 수 있게 해줌
- 다양한 형태의 질문지법을 숙달, 그 질문지법들의 유용성에 대해 이해해야 함

- 면접의 가장 중심이 되는 기법
- 정보를 얻거나 클라이언트가 자신에 대해 언급하게 하거나 또는 사회복지사와의 관계를 형성하게 하며 사회복지사는 클라이언트의 보조에 잘 맞추어 질문을 해야 하며 면접이 잘 진행되면서 클라이언트에 대해 정보를 얻고 원조하기 위해서는 어떻게 질문을 하는가가 중요함

② 개방형 질문 ★★★
- 자신의 생각이나 감정을 자유롭게 표현할 수 있게 하는 질문
- 면접초기에는 개방형 질문, 면접 전반에 걸쳐서는 폐쇄형 질문을 다양하게 섞어서 하는 것이 좋음

> - 장점: 클라이언트가 중요하다고 생각하는 것은 무엇이든지 말 할 수 있게 하며 다양하게 대답할 수 있음
> - 단점: 자신의 생각이나 감정을 언어로 표현하는 데 익숙하지 않은 클라이언트에게 불안감을 야기

③ 폐쇄형 질문 ★★★
- '예, 아니오'의 대답 또는 아주 짧은 대답만을 추구하여 클라이언트의 초점을 제한하고 확실한 사실에 대해 묻는 방식
- 클라이언트가 질문에 대답하는 경험이 부족하거나 클라이언트가 지나치게 수다스럽거나 이야기하는 내용들이 부적절한 경우 활용

> - 단점: 클라이언트가 대답할 수 있는 방법을 제한하기 때문에 클라이언트에 대한 이해의 폭을 좁힘
> - 조사형 질문: 단답형, 대답질문, 심문투사, 사생활 침해 않도록 조심

④ 면접에서 피해야 할 질문 ★★★
- 폭탄형 질문
  - 한꺼번에 많은 질문을 하면 클라이언트는 피상적인 답을 하게 되는 경우가 됨

- 질문을 과도하게 많이 하여 정보를 많이 끌어내지 못하게 되고, 클라이언트를 당황하게 만들 수 있음으로 관련 정보를 수집하는 데 있어서 비생산적이고 비효과적임
  - 유도형 질문
    - 클라이언트에게 특정한 응답을 하도록 이끄는 질문으로 사회복지사의 감정이나 견해를 해결책의 형태로 간접적으로 나타내는 것임
    - 사회복지사가 클라이언트와 논의해야 하는 진정한 관심사를 모호하게 만들기 때문에 솔직한 자신의 의견보다는 사회복지사가 원하는 혹은 기대하는 방향으로 거짓말을 할 수 있음
      예) "당신은 아내를 정말 사랑 합니까? 아니죠?" 등
  - "왜?" 질문
    - 클라이언트를 방어적으로 만들기 때문에 역효과에 유념, 적절하고 신중히 사용
    - '왜?' 대신에 '무엇', '언제', '어디서', '어떻게' 등에 초점을 두는 질문을 사용하는 것이 좋음
      예) "왜 그렇게 하셨죠?" "왜 그렇게 행동했나요?"

4) 기타 면접기술 ★★★

① 명료화 – 재구성

② 해석하기 – 깨닫도록 도와주는 기술

③ 반영하기 – 감정반영 이입기술

④ 관심 보여주기 – 집중하기

⑤ 초점화(지금 여기에) ★★★

⑥ 침묵하기 – 침묵도 언어이다

⑦ 직면하기 – 불일치에 대해 주목하도록 하는 것

⑧ 요약하기 – 간략히 요약. 내용을 분명히 하는 기술

⑨ 정보주기, 제안하기, 조언하기

⑩ 감정이입 – 대신 경험

⑪ 지지하기 – 신뢰, 존중, 재보증, 격려

⑫ 도전하기 – 회피, 합리화할 때 사용

⑬ 부연하기(바꿔 말하기)

5) 면접의 기록

① 과정기록 – 대화체기록, 이야기체기록

② 요약기록 – 정해진 양식활용

③ 문제중심 기록 – 문제해결접근방법 반영 soap형식

④ 녹음 및 녹화

01) 사회복지면담에 관한 설명으로 옳지 않은 것은? (14회 기출)

① 사회복지사에 관한 사적인 질문은 가능한 한 간결하게 답하고, 초점을 다시 클라이언트에게로 돌린다.

② 클라이언트와의 신뢰관계가 충분히 형성된 후에 해석기술을 활용한다.

③ 클라이언트의 표현이 모호할 때는 오해를 최소화하기 위해 구체적 표현을 요청한다.

④ 클라이언트가 지나치게 말을 많이 하는 경우, 폐쇄형 질문만을 사용하여 초점을 모으는 것이 필요하다.

⑤ 클라이언트의 비언어적 표현을 관찰할 때는 신중해야 한다.

☞ 해설

클라이언트가 말을 많이 하여 면담에 방해를 받은 경우 초점화, 요약하기, 폐쇄형 질문 등의 기법을 사용하여 면담의 초점을 유지하는 것이 좋다. 폐쇄형 질문도 사용하지만, 폐쇄형 질문만 사용하는 것이 아니라 다양한 기법을 사용한다.

정답 ④

02) 사회복지사가 면접기술을 활용할 때 주의할 점으로 옳은 것은? (16회 기출)

① 클라이언트로부터 사적 질문을 받을 경우 간단히 답하고 초점을 다시 돌리는 것이 좋다.

② 한 번에 다양한 정보를 얻기 위해서는 중첩형 질문을 적극적으로 활용해야 한다.

③ 클라이언트의 침묵은 저항이므로 힘들더라도 대화를 지속하도록 촉구해야 한다.

④ 클라이언트가 받아들이기 어려운 경우에도 자기탐색을 위해 해석을 반복한다.

⑤ 바람직한 결정을 이끌어내기 위해 원하는 방향으로 유도질문을 하는 것이 중요하다.

☞ 해설

클라이언트로부터 사적 질문을 받을 경우 솔직하고 간결하게 대답하는 것이 가장 바람직하며, 대답한 다음에는 클라이언트가 즉시 그 자신에게로 주의를 돌리도록 한다.

정답 ①

156

제16장
|
사회복지실천과정(1)
(접수 – 자료수집)

사회복지실천과정이란

• 도움이 필요한 개인과 가족 및 집단에 대해 문제에 대한 긴장을 완화시키고 주도권을 획득하는 방식

• 전문적 지식과 기술을 갖춘 사회복지사가 새로운 자원을 개발하거나 아직 활용되지 않은 자원을 찾아 활용함으로써 계획된 원조를 단계적으로 제공하여 문제해결을 돕는 일련의 과정을 의미

1. 접수과정

1) 접수(intake)의 개념

접수를 통해 기관에서 서비스를 제공할 수 있다고 판단되면 기관을 찾아 온 사람은 클라이언트가 되며 적합한 서비스를 받을 수 있는데 이때의 서비스제공여부를 판단하는 과정을 접수(intake) 라고하며 적격성 혹은 적격여부판단과정이라고도 함

2) 접수단계의 과제 ★★★

① 잠재적 클라이언트(=신청자)의 문제가 무엇인지 확인함

② 기관을 찾아온 이유가 바로 문제일 수 있음으로 잠재적 클라이언트의 실제 문제가 무엇인지 정확하게 파악하고, 기관에서 서비스를 제공할 수 있는지 평가함

③ 잠재적 클라이언트의 문제를 확인하여 클라이언트 욕구가 기관의 서비스방향이나 내용과 맞지 않거나, 더 적합한 기관이 있을 때 클라이언트에게 그 기관을 소개하여 연결시켜주는 일로, 의뢰라고 함

④ 사회복지사는 자신이 속한 기관 근처의 다양한 사회복지기관의 기능과 역할, 제공하는 서비스 내용, 강점과 약점, 접촉 가능한 담당자 등에 대한 정보를 가지고 있어야 함

⑤ 클라이언트가 개입과정에서 적극적으로 참여하도록 유도하기 위해서는 클라이언트와의 관계형성, 동기화, 저항감 해소, 양가감정의 수용과 같은 과업이 필요함

3) 접수양식과 접수내용 ★★

(1) 초기 면접지(intake sheet)란?

① 사회복지사가 신청자를 접수한 내용을 기록하는 양식으로 각 기관마다 구체적인 내용이나 형식은 다르지만 일반적으로 공통된 내용이 있음

② 클라이언트가 기본적인 내용을 기록하기도 하고, 사회복지사가 면접을 하면서 혹은 면접이 끝난 후에 기록하기도 함

(2) 초기 면접지(intake sheet)에 포함되는 내용 ★★

① 기본정보에는 이름, 성별, 나이, 결혼관계, 주소, 전화번호, 직업

② 사회복지사가 도움을 청하게 된 문제가 무엇이며, 문제가 언제부터 어떤 과정 속에서 지속되었는지, 신청자가 자기문제를 보고 느끼는 방식이 있음

③ 기관을 어떻게 알고 찾아오게 되었는가 하는 것, 타기관의 의뢰, 기관소개 광고를 보고 왔는지, 누구로부터 소개를 받았는지 등 기관에 오게 된 동기가 있음

④ 타기관 혹은 가족으로부터의 의뢰일 경우에 의뢰한 이유가 있음

⑤ 과거 어떤 기관에서 어떤 서비스를 받았는지 이전의 사회복지서비스를 받은 경험

이 있음

⑥ 현재 동거 중인 가족을 중심(거족원의 이름, 나이, 직업, 교육정도, 종교, 관계 등), 기본적인 가족관계가 있음

(3) 접수단계 지침

① 기대 명확하게

② 원조과정, 설명, 관계 설정

③ 진전될 수 있다는 과정

④ 조력자임을 강조

(4) 접수방법

① 라포형성

② 이해 수용

③ 초점 정리

④ 환경 적극적 활용

2. 자료수집단계

1) 자료수집단계

(1) 자료 수집의 개념

① 개입 가능성을 판단하고 개입에 도움이 될 수 있는 자료를 마련하는 것임

② 사회복지사는 수집한 자료를 바탕으로 클라이언트를 사정하게 됨

③ 자료수집은 문제의 심각성과 영향력에 대해 인지하고 있는지, 문제가 일상생활에 미치는 정도는 어떠한지, 클라이언트의 해결능력은 어떠한지에 대한 정보수집과 측정을 포함함

④ 자료수집 과정은 클라이언트의 문제를 이해하고 분석 · 해결하는데 필요한 자료를 모으는 과정

⑤ 사정을 위해 먼저 수행하기도 하지만, 사정을 진행하면서 추가적으로 수집하기도 함

⑥ 자료수집은 접수 단계에만 국한된 것이 아니라, <u>개입 과정 전체를 통해 이루어지는 지속적인 과정</u>이지만, 일반적으로 접수 단계에서 집중적으로 수행함

⑦ 문제와 욕구를 명확하게 규정함으로써 개입의 방향을 설정함

⑧ 개입에 도움이 될 수 있는 자료를 마련해야 함

⑨ 생태체계적 관점을 가지고 자료 수집의 범주를 문제, 개인, 환경으로 분류하여 잠재적이고 실제적인 자원과 제약을 파악해야 함

⑩ <u>개입 가능성을 판단하고 개입에 도움이 될 수 있는 자료를 마련함</u>

⑪ 사회복지사는 클라이언트의 문제와 욕구를 명확히 함

(2) 자료의 영역

① 접수단계에서 파악한 클라이언트에 대한 기본적인 정보

② 문제에 대한 깊이 있는 정보

③ 클라이언트가 살아온 역사를 말하며, 클라이언트의 유아기, 학령기, 청소년기, 청소년기, 성인기, 노인기 등 발달 주기에 따른 인간관계, 생활사건, 클라이언트의 감정 등이 모두 포함함

④ 문제의 촉발요인이 될 수도 있고 클라이언트의 긍정적 자원일 수도 있는데, 가족력은 가족의 구조, 연령과 직업, 가족상황과 가족관계, 현재의 가족구성, 가족관계 등을 말함

⑤ <u>클라이언트의 기능에는 지적, 정서적, 행동적, 신체적 기능은 어떠한지, 대인관계, 업무능력, 문제해결능력 정도가 있음</u>

⑥ 생활 속에서 이용하고 있는 서비스는 무엇이고, 현재 가능한 자원은 무엇이 있는지 클라이언트의 자원에 관해 확인함

⑦ 클라이언트의 문제만이 아니라 클라이언트가 문제해결을 하는 데 있어 사용할 수 있는 강점에 대해서 정보를 수집하는 것으로, 클라이언트와 클라이언트를 둘러싼 환경 속에 있는 한계도 확인해야 함

⑧ 클라이언트를 둘러싼 환경 특성, 친밀한 관계 및 이웃과 지역사회에 대한 정보, 사

회적 관계망, 주요 사회제도 및 서비스 프로그램에 대한 수혜 경험, 차별 및 소외 경험 등이 있음

(3) 자료수집 정보출처 ★★★
① 자기 진술, 태도나 반응 관찰원조
② 가족에게서 얻은 자료
③ 고용주, 연고자, 친구
④ <u>의사, 심리상담자, 교사, 사회복지기관, 행정기관 등</u>
⑤ 신문자료, 투서, 소문 등

3. 사정과정

1) 사정의 개념과 특성 ★★★★
(1) 사정의 개념 ★★★
① 사정이란?

접수, 자료수집 → 사정 → 계획수립 → 개입 → 종결평가

– 사회복지 현장에서 일어나는 클라이언트에 관한 정보수집하고 분석하여 종합화한 내용으로서 클라이언트와의 관계를 공식화하는 과정이며 개입을 위한 목표를 설정하는데 핵심적인 과정이며 사정을 통해 개입방법의 선택이 이루어짐

② 자료수집과 사정은 해당 단계에서 그치는 것이 아닌 개입의 전 과정 동안 지속되며, 전후의 관계가 아니라 순환적으로 일어남

③ 사정을 하기 위해 자료 수집을 하지만, 사정을 하다가도 필요하며 자료수집단계로 다시 돌아갈 수 있음

④ 사회복지실천의 초창기에 사정은 진단이라고 불리어졌으나 진단이란 용어는 증상, 질병, 역기능 등과 같은 낙인을 부여할 수 있는 부정적 의미를 내포하는 경향이 있어 긍정적인 방향으로 전환하기 위해 사정이라는 용어로 바뀜

(2) 사정의 특성 ★★★

① 지속정 과정 – 실천과정동안 계속 활동

② 이중초점 – 환경맥락에서 이해

③ 상호작용: 사회복지사와 클라이언트 함께

④ 사고전개과정 – 전체적인 맥락에서 통합해서 사고 전개

⑤ 수평, 수직탐색: 인간관계, 능력 기능, 과거력, 개인력, 문제조직

⑥ 지식에 근거 – 전문적 지식을 이용

⑦ 생활상황 이해 – 욕구 발전 규명(의미와 패턴 설명)

⑧ 개별화 – 독특한 상황의 개별적 사례

⑨ 판단과정 – 어떤 지식 적용, 어떻게 연결, 판단 중요

⑩ 한계인식 – 완벽한 이해는 불가, 사정은 보호적 수잔, 방법일 뿐

2) 사정단계의 과제

| 문제발견 | → | 정보/자료수집 | → | 문제형성(=문제규정) |

(1) 사정 시 정보수집에 유용한 질문

① 클라이언트는 어떤 사람인가?

② 클라이언트는 자신의 문제를 무엇이라고 생각했는가?

③ 클라이언트는 문제에 어떤 의미를 부여하는가?

④ 클라이언트의 반응은 어떠한가?

⑤ 어디서, 언제, 얼마나, 언제부터 문제가 발생했는가?

⑥ 문제에 대해 클라이언트는 어떤 노력을 해왔으며 효과가 있었는가?

⑦ 누가 이 문제에 관여되어 있는가?

⑧ 클라이언트의 장점과 기술은 무엇인가?

⑨ 클라이언트의 강점과 욕구는 무엇인가?

⑩ 문제를 해결하는 데 필요한 혹은 동원 가능한 자원은 무엇인가?

3) 사정의 내용: 사정을 통해 알고자 하는 내용 ★★★

(1) 사정의 영역

클라이언트의 정서·심리상태, 역할수행상의 문제, 생활력, 자기방어기제, 클라이언트의 강점과 대처방안, 가족 구조와 가족기능, 사회적 지지와 관계망 등 사정을 통해 알고자 하는 내용

(2) 사정의 대상 ★★★

① 문제표명
  - 자발적인 클라이언트의 경우 대부분 자신의 문제를 직접 설명
  - 비자발적인 클라이언트의 경우 종종 자신의 문제를 의뢰 한 기관과는 다르게 설명
  - 문제에 대한 정확한 사정, 정보를 끌어낼 필요가 있음
  - 클라이언트의 잠재적 강점과 자원, 잠재적 약점과 도전, 장애물을 환경적(가족과 지역사회)인 요소에서 개인적인 요소에서 개인적인 요소에 이르기까지 복합적으로 사정
  - 클라이언트는 문제에 어떻게 대처하였으며, 문제해결을 위해 요구되는 기술은 무엇인가?
  - 민족 문화적·사회적·사회 계층적 요소는 문제와 어떤 관련이 있는가?
  - 어떤 지지체계가 존재하며 클라이언트를 위해 생성되어야 할 지지체계는 무엇인가?
  - 클라이언트에게 필요한 외부자원은 무엇인가?

② 관련된 자와 상호작용 방법
  - 문제와 관련된 핵심적인 사람을 확인하고, 더 깊이 있게 탐색함으로써 클라이언트의 어려움에 관련된 개인·집단·조직 등을 알 수 있음
  - 문제를 야기하는 상호작용의 방법을 고려

③ 클라이언트의 문제에 대한 태도
  - 변화에 장애가 되는 클라이언트의 생각을 다음과 같이 범주화할 수 있음 (Hurvitz, 1975)
  - 비과학적인 설명

- 심리적 낙인
- 다른 주요 당사자의 능력, 변화의 열망이 부족하다는 있음
- 변하지 않는 외부 요소
- 변화될 수 없다는 신념
- 비현실적 절망감

④ 문제행동의 현장
- 문제행동의 장소를 알아봄으로써 문제행동과 관련된 요소에 대해 좀 더 깊은 탐색을 할 수 있음
- 문제행동의 장소를 확인함으로써 단기간의 고통스러운 상황, 즉 두려움, 불안, 우울증, 외로움, 불안정 등과 같은 상황에 유용한 자원을 확인할 수 있음.

⑤ 문제행동의 빈도
- 문제행동의 빈도는 문제행동의 만연과 그 주제에 미치는 영향을 확인하는 지수가 됨
- 문제행동의 빈도는 역기능적 행동의 정도와 그것이 클라이언트 및 가족의 일상적 기능에 어느 정도로 영향을 미치는지 명확하게 해줌
- 문제행동의 빈도는 변화를 위한 표적행동의 기초선을 제공

⑥ 문제행동의 지속기간
- 문제행동의 또 다른 중요한 영역으로 문제이력에 관한 것임
- 클라이언트의 문제행동의 기간을 사정하여 서비스내용을 달리 함
- 장기간의 복합적인 문제가 가속화된 결과라면 목표를 완만하게 잡고 간헐적인 서비스를 마련함
- 문제발생이 갑작스럽게 시작된 경우라면 단기간의 위기개입으로도 가능할 수 있음

⑦ 기타 내용
- 클라이언트의 개인적 기능
- 표적문제에 대한 클라이언트의 동기화
- 부부 · 가족체계와 관련된 역기능
- 문제체계에서 참가자와 충돌하는 환경요소

4) 정보의 출처

(1) 언어적 보고
① 언어에 의한 보고는 문제 묘사, 감정표현, 사건보고 관점 제시 등으로 구성됨
② 거짓으로 재구성하거나 편견과 제한된 자기인식이 있을 수 있기 때문에 언어에 의한 보고는 종종 이 점을 고려해야 함

(2) 비언어적 행동의 직접관찰
① 비언어적 신호는 분노, 상처, 당혹, 두려움 같은 감정 상태나 반응에 대한 가치 있는 지표
② 말투나 목소리의 떨림, 눈물, 주먹을 불끈 쥔 모습이나 손의 떨림, 팽팽해진 턱, 다문 입술, 표정 변화 등 몸짓의 비언어적 신호에 민감한 인식을 발달시키는 것이 중요함

(3) 상호작용 관찰
배우자, 가족구성원, 집단성원 사이의 행동을 관찰하는 것이 상호작용 관찰임

(4) 클라이언트의 자기모니터링
① 자기모니터링은 클라이언트가 표적문제의 발생과 관련하여 글로 기록한 느낌이나 행동, 생각 등을 포함함
② 자기모니터링의 첫 번째 단계는 사건의 인식
③ 다음 단계는 행동의 기초선을 결정하는 정보를 도표나 그래프로 나타내는 것임

(5) 정보의 이차적인 출처
친척, 친구, 타 전문가 그리고 클라이언트의 삶에 관련한 필수적인 정보를 소유한 다른 사람들에 의해서 제공되는 정보를 말함

(6) 상호작용 시 사회복지사의 주관적 경험
클라이언트와 면담하거나 다른 사람과 상호작용하는 것을 관찰하면서 느끼는 주관적

경험이나 느낌 등도 사정을 위한 정보로 사용됨

(7) 각종 기록

① 초기 면접지 혹은 서비스 신청서

② 심리검사나 신체검사 등 각종 검사결과

③ 병원기록이나 이전 상담일지 등

5) 사정의 목표

① 문제에 대한 분명한 기술

② 클라이언트체계 기술

③ 클라이언트와 다른 상호작용체계의 기능 방법

④ 모든 정보의 통합성(미시, 중범위, 거시)

6) 사정의 초점

① 잠재적 클라이언트가 보여주는 문제와 관심

② 법적 중재가 진행 중인 경우 또는 임박한 경우 사회복지사가 한 일

③ 건강과 안전문제의 경우 함께 해야 할 일

01) 사회복지실천의 과정을 순서대로 바르게 나열한 것은? (14회 기출)

> ㄱ. 클라이언트와의 서비스 계약 실시
>
> ㄴ. 초기 생태도의 작성
>
> ㄷ. 사회기술훈련의 제공
>
> ㄹ. 사후평가의 실시

① ㄱ - ㄴ - ㄷ - ㄹ   ② ㄱ - ㄹ - ㄴ - ㄷ

③ ㄴ - ㄱ - ㄷ - ㄹ   ④ ㄴ - ㄱ - ㄹ - ㄷ

⑤ ㄷ - ㄴ - ㄱ - ㄹ

☞ 해설

사회복지실천 과정은 접수 및 자료수집 ➜ 사정 ➜ 계획 ➜ 개입 ➜ 종결 및 평가이다.
따라서 ㄴ. 초기생태도의 작성(사정) ➜ ㄱ. 클라이언트와의 서비스 계약 실시(계획) ➜
ㄷ. 사회기술훈련의 제공(개입) ➜ ㄹ. 사후평가의 실시(평가) 순으로 진행된다.

정답 ③

02) 접수를 위한 초기면접지(intake sheet) 에 포함되지 않는 내용은? (16회 기출)

① 동거 중인 가족관계   ② 개입방법과 비용

③ 타 기관으로부터의 의뢰이유   ④ 이전의 서비스를 받은 경험

⑤ 기관에 오게 된 주요 문제

☞ 해설

개입방법과 비용 등은 계약서에 포함되는 내용이다.

정답 ②

제17장
|

사회복지실천과정(2)
(사정도구)

1. 개인대상

1) 개인의 사회지지체계를 위한 사정도구

(1) 개인의 사회지지체계 사정의 필요성

① 사회적 지지가 없거나 사회적 지지가 부족한 경우가 많은 클라이언트 대상

② 문제를 효과적으로 해결하기 위해서는 잠재적인 사회적 지지의 사정 및 확인이 필요하며 이를 확인하기 위해 사회적 관계망표가 사용됨

(2) 사회적 관계망 격자 ★★★

① 사회적 관계망 격자(혹은 그리드)의 활용 – 사회적 관계망 격자는 개인의 사회지지체계의 사정, 가족의 사회적 지지체계의 사정에 사용됨

   – 클라이언트의 관계망을 전체적으로 볼 수 있게 해줌

② 사회적 관계망 격자의 내용

   – 사회적 관계망을 중요한 인물, 지지를 받은 생활영역, 지지의 특정 유형

   – 지지 정도의 중요도

- 지지의 성격: 상호적, 일방적

- 개인적 친밀감 정도, 접촉빈도

- 관계기관

(3) 사회적 상호작용에 대한 면담계획표

CT가 자신의 문제상황을 해결하기 위해 어떤 노력을 했고, 어떤 자원을 활용했는가를 알아보기 위해 면담계획 일정표와 목록을 만들어 사용함

(4) 사회관계망 목록

공식적 지지(학교, 종교단체, 비영리단체, 정부 등 서비스)와 비공식적 지지(가족, 친구, 친척, 이웃 등)의 목록을 만드는 것

(5) 사회관계망 인지목록

CT가 인지하고 있는 공식적 자원 또는 비공식적 자원을 파악해 정리하는 목록

2. 가족대상

1) 가족사정의 사정도구 ★★★★

(1) 가족사정의 4차원

① 가족이 제시하는 문제

- 가족은 문제 혹은 욕구를 무엇으로 보는가?

- 누가 이런 욕구 혹은 문제를 인식하는가?

- 다양한 가족원들은 문제를 어떻게 규정하며, 가족원들 간에 생각의 차이가 있는가?

- 가족을 둘러싼 환경체계들은 가족의 문제를 무엇으로 규정하는가?

② 생태학적 사정

- 가계수입, 음식, 거주지의 안전 등 가족의 기본적 욕구

- 거주지역의 안전, 교육 및 보건의료자원, 교통과 통신에 대한 접근

- 이웃이나 친구, 지역사회의 의미 있는 상호교류를 하며, 적응적 균형
- 가족원과 환경체계들 간의 경계
- 환경체계들과 관계에서 개별성원들 간의 차이

③ 세대 간 사정
- 가계도 분석을 통해 드러난 가장 중요한 가족 유형
- 사고나 죽음, 별거 같은 주요 상실의 경험
- 확대가족과의 관계
- 여러 세대를 거치면서 반복되어 내려오는 가족의 유형이나 관계, 문제
- 해결되지 않은 세대 간 가족문제

④ 가족 내부에 대한 사정
- 가족구조와 기능, 의사소통, 가치, 신념체계
- 가족 내 하위체계들이 각각 적절한 기능을 수행
- 가족외부와의 경계(개방적, 폐쇄적)
- 가족 의사소통을 지배하는 규칙
- 의사소통

(2) 가계도 ★★★★★

① 개념과 특징
- 특정 기간 동안의 클라이언트 가족의 역사, 그 과정에서의 주된 사건을 한눈에 볼 수 있게 해주는 사정도구, 가족계보를 중심으로 2~3세대 이상에 관한 정보를 보여주는 것, 결혼이나 별거, 이혼, 질병, 사망 등 중요한 생활사건이나 인종, 민족, 종교, 직업 등 인구사회학적 특성이 표시
- 가족 내에서 반복되는 정서적, 행동적 패턴을 통해 사회복지사와 가족성원들이 세대 간 맥락에서 정서, 행동상의 문제행동 패턴을 검토하는데 유용
- 클라이언트와 사회복지사가 가계도를 같이 그려봄, 가족을 하나의 단위로 보는 기회를 제공

② 가계도 작성법
- 보통 여성은 원으로, 남성은 네모로 표시함

- 네모나 동그라미의 이중 테두리는 개인 클라이언트를 표시함
- 동일 세대의 가족구성원을 수평선으로 그림, 즉 수평선을 결혼이나 관습법적 관계를 표시함
- 결혼하여 생긴 자녀는 부모의 수평선 바로 밑에 수직선으로 연결함
- 수직선을 결혼 및 자녀를 나타내는 다른 원과 사각형에까지 연장해서 그림
- 자녀는 연장자부터 연소자로 나이 순서에 따라 왼쪽에서 오른쪽으로 나열함
- 각 개인은 현재 그 가정에서 살고 있는지, 생존자인지와 무관하게 가계도 상에서 명확히 필요한 지점에 표시
- 가족구성원의 이름과 연령은 네모나 원에 표기, 바깥쪽에 중요한 정보들을 문자로 기록함
- 가족구성원이 사망하였다면 사망 연도, 사망 연령, 사망 원인을 기록함
- 사망, 이혼 및 재혼 등과 같은 중대한 사건을 표시하고 재발된 행동양식을 나타내기 위한 다른 기호 또는 문자해설을 포함함
- 가족구성원이 가계도 그리는 것에 거부감을 보일 경우 이를 존중해 주어야 함

(3) 생태지도/생태도(ecomap) ★★★★★

① 개념과 특징
- 앤 하트만에 의해 고안됨
- 클라이언트 및 클라이언트와 관련된 사람, 직접적으로 관련된 사회체계와의 상호작용 상태를 그림으로 나타내는 도구로 가족의 주요환경이라고 간주되는 체계를 그려서 가족체계의 요구와 자원 간 균형을 보여줌
- 클라이언트 가족에게 유용한 자원이나 환경이 무엇인지 알 수 있으며, 가족체계에 스트레스가 되는 체계는 무엇인지, 이들 체계와 가족은 어떤 관계를 맺고 있는지에 대한 정보를 얻을 수 있었음
- 환경 속의 인간에 초점을 두기 때문에 클라이언트를 생태학적 관점에서 이해하는 데 도움이 됨
- 개입초기에 가족을 사정하는 도구로 활용할 뿐 아니라 변화를 확인하는 도구로 반복해서 사용할 수 있는데 이를 연속생태지도라고 함

② 생태지도 작성법
  - 가족을 표현하는 원을 중앙에 그려 클라이언트와 그 가족을 표시함
  - 가족이 일상적으로 상호작용하는 관련된 주변 환경체계(직장, 병원, 학교, 친구, 사회복지, 오락, 확대가족원, 보호관찰소 등)는 중심원 주변에 각각의 원으로 표시함
  - 가족과 환경체계의 관계를 다양한 선으로 표현함
  - 가족 및 관련 체계 사이의 자원 및 의사소통 교환인 에너지의 직접적인 흐름의 방향은 화살표로 나타냄
  - 실선(-)은 긍정적 관계를 나타내는데 굵기가 굵을수록 강한 관계를, 선이 가늘수록 약한 관계를 나타냄
  - 점선(- - - - -)은 미약한 관계를, 사선은 긴장관계나 갈등관계를 나타냄

(4) 가족조각
① 특징
  - 공간 속에서 가족성원들의 몸을 이용해 가족의 상호작용 양상을 표현함으로써 가족에 대한 이해를 돕는 기법
  - 가족조각은 역기능적 가족연합을 보여주고 관계를 재조정해야 함을 인식시켜주는 매우 효과적인 기법
  - 사회복지사의 도움으로 가족들은 자신의 가족구조에 대해 논의하게 되는데, 이러한 논의로써 가족은 기존의 가족연합을 바꾸고자 함
  - 가족조각을 통해 표현할 수 있는 요소로는 하위체계 내에 누가 포함되고 배제되는가, 누가 서로 융합되고 얽힌 관계인가, 누구와 누구 사이가 가장 소원한가, 누가 지배하고 누가 복종하는가, 가족 내의 존재하는 가족규칙을 포함한 상호작용 양상 등이 있음
  - 가족원 중에 한 사람이 조각자가 되어 각 가족원에게 자신이 지각하고 있는 것을 나타내는 위치와 신체적 표현을 하도록 하며, 나머지 구성원들은 조각자가 표현하고 싶은 것이 모두 표현할 때까지 자세를 유지함
  - 가족원들은 가족에 대한 개인의 위치, 입장, 감정, 생각 등을 표현하고 다른 가족

원들의 조각을 보는 과정에서 통찰력, 이해, 공감, 동정, 후회, 사과 등의 감정을 경험하게 됨

(5) 생활력(도) 표 ★★★★

① 생활력도표의 특징
- 클라이언트의 생애 동안 발생한 사건이나 문제를 시기별로 전개해 표로 나타낸 사정도구임
- 클라이언트나 개인이 겪고 있는 문제의 발생시점과 촉발사건 등을 파악할 수 있으며, 사건 간에 보이는 양상이나 관계를 파악할 수 있음

② 생활력도표의 활용
- 특정 발달단계의 생활경험을 이해하는데 도움이 됨
- 아동과 청소년 대상의 활동에서 유용하게 사용됨
- 출생부터 개입시점까지 클라이언트 삶의 다양한 시기에 관련한 여러 특징들을 조사하여 다른 자료와 종합함으로써 클라이언트의 현재를 이해하는데 도움이 됨

(6) 생활주기표

① 클라이언트 생활주기 및 각 발달단계의 과업 및 가족구성원들의 발달단계의 과업 및 가족구성원의 발달단계의 주요과업을 하나의 표로 나타낸 것

② 가족 내 각 성원은 각각 다른 발달단계에 있기 때문에 서로 다른 발달과업 및 위기를 경험하게 되는데 생활주기표를 이용하면 가족 내 개별 성원의 현재 발달단계와 과업, 위 등을 한 눈에 볼 수 있음

3. 집단대상

1) 집단대상 사정도구 ★★

(1) 집단차원의 사정의 특징

① 준비단계에서부터 집단이 종료될 때까지 사정은 지속됨

② 집단의 발달단계마다 사정의 초점이 조금씩 달라짐
   - 초기단계: 집단 및 성원의 기능수행에 대한 체계적 사정
   - 중기단계: 타당성 검토 후 개입 계획 수정
   - 말기단계: 기능달성정도 사정, 추가 개입영역 주목

(2) 집단성원을 사정하는 데 활용되는 방법

① 성원의 자기관찰
   - 자기모니터, 도표, 기록지 또는 일지
② 사회복지관의 관찰
   - 자연스럽고 일상적인 상황 관찰
   - 역할극, 소시오드라마, 사이코드라마
   - 모의검증
③ 외부전문가의 보고
   - 집단 외부의 사람들에 의한 보고서나 정보
④ 표준화된 사정도구
   - 우울증 진단 척도 자존감 척도 부모: 자녀관계 측정척도, 스트레스 척도 등 표준
     화된 척도, 소시오그램, 의의차별척도 등

(3) 집단 전체의 기능에 대한 사정

① 성원들의 의사소통과 상호작용 유형
② 응집력이나 집단 매력을 측정하는 도구로는 소시오그램이 있는데 소시오그램을
   활용하면 하위집단이 형성되어 있는지도 알 수 있음
③ 사회적 통제와 집단문화(역할, 지위, 위계 등) 성원 개인이나 상호작용 등을 관찰
   해서도 파악

(4) 소시오그램(사회도, sociogram) ★★★★

① 개념과 특징
   - 모레노와 제닝스가 개발한 것으로 상징을 사용해서 표현한 그림으로 집단성원

간의 개인적 수용과 거부, 집단 내의 대인 관계를 평가하기 위한 사정도구임
   - 집단 내에 대인관계에서 끌리는 정도, 집단성원들 간의 사회적 유대관계를 측정
     하여 하위 집단형성여부를 알 수 있음
   - 집단 내에서 성원들 간의 질적인 관계를 파악하기 위한 도구로 집단성원들의 수
     용 - 거부 과정을 평가하는 방법으로 사용됨
   - 다양한 시점에서 작성된 집단이 소시오패스를 비교해보면 집단성원들 간의 안
     정성과 변화를 살펴볼 수 있음
② 소시오그램을 통해서 알 수 있는 정보
   - 집단성원의 성별, 성원 간의 친화력과 반감의 유형과 방향(일방적인지, 쌍방향
     인지)
   - 하위집단 형성 여부, 소외된 성원 여부, 삼각관계 형성 여부 등
   - 결속의 강도(친밀한 성원끼리는 가깝게, 소원한 성원은 멀게 그림)

(5) 의의차별척도

① 의의차별척도는 의미분화척도라고도 함
② 두 개의 상반된 입장 중에서 하나를 선택하도록 요청하는 척도인데 5개 혹은 7개
   의 응답변주
③ 동료성원에 대한 평가 동료성원의 잠재력에 대한 인식 성원의 활동력에 대한 인식
   등 집단성원이 동료 집단성원을 사정하는데 활용될 수 있음

(6) 집단환경 사정

① 기관사정
② 기관의 환경사정
③ 지역사회 환경사정

01) 사정도구 중 집단성원들 간의 상호작용을 도식화하여 구성원의 지위, 구성원 간의 관계, 하위집단 등을 파악하는 데 유용한 것은?　　　　　　　**(14회 기출)**

① 가계도(genogram)

② 소시오그램(sociogram)

③ 생태도(ecomap)

④ PIE(Person In Environment) 체계

⑤ 생활력표(life history grid)

☞ 해설

소시오그램은 사회도라고도 한다. 소시오그램은 집단사정도구로서 기호나 선 등 상징을 사용하여 집단성원 간의 개인적 수용과 거부, 집단 내의 대인관계, 하위집단 형성 여부 등을 평가한다.

정답 ②

02) 가계도에 관한 설명으로 옳지 않은 것은?　　　　　　　**(16회 기출)**

① 세대 간의 반복적 유형을 분석할 수 있다.

② 가족환경을 체계론적 관점에서 이해한다.

③ 가계도는 일반적으로 3세대를 포함한다.

④ 자녀는 출생순서에 따라 왼쪽부터 오른쪽으로 순차적으로 그린다.

⑤ 가계도에는 친밀한 관계나 갈등관계와 같은 정서적 관계를 포함한다.

☞ 해설

가계도는 2~3세대 이상 걸친 가족관계를 도표로 제시하여 복잡한 가족패턴을 한눈에 볼 수 있도록 한 가족 사정도구이다. 가족의 환경에 대한 이해는 생태도를 통해 가능하다.

정답 ②

제18장
|
계획수립, 계약, 개입단계

1. 계획

1) 계획수립과정

(1) 계획수립단계란?

① 자료수집, 클라이언트의 문제와 상황에 대한 일차적 사정이 끝난 후 실질적인 문제해결 과정이 시작되는 단계

② 표적문제를 선정, 개입목표를 설정, 계약을 공식화

(2) 계획수립과정 ★★★

1단계: 클라이언트와 함께 하기

2단계: 문제의 우선순위 정하기(=표적문제 설정)

3단계: 문제의 욕구로 전환하기

4단계: 개입수준 평가하기(전략선택)

5단계: 일차적 목적 수립

6단계: 목표의 구체화

7단계: 계약의 공식화

① 목적(goal)
  - 목적은 목표보다 광범위, 추상적인 개념, 개입노력을 통해 얻고자 하는 장기적 궁극적 결과
  - 해결책 제시 방향
  - 부모 자녀 관계 향상, 요구에 잘 대처하기
② 목표(objective)
  - 목표는 목적을 세분화한 것 단기적, 구체적 개입을 통해 얻고자 하는 바라는 것
  - 무엇을 해결, 무엇이 문제, 중요한 것, 핵심적인 것 추려내기
  - 1주일에 두 번 칭찬, 월 4회 이상 이력서 내기 등

2) 개입목표 설정과정
(1) 문제형성 - 표적문제 선정 - 개입목표 설정
① 목표설정의미
  - 사정단계에서 문제 형성이 결정되면 개입목표를 설정
  - 클라이언트의 바람직한 변화 방향
  - 문제가 해결 된 상태
  - 개입을 통해 일어나기를 바라는 변화
② 목표설정 중요성
  - 개입방향 명확히
  - 평가할 수 있는 근거 제시
  - 원조과정에 효과적인 참여가 가능

(2) 표적문제 선정(표적문제의 정의) ★★★
① 사정과정에서 드러난 복잡한 여러 가지 문제 중에서 가장 중요하고 시급히 해결해야 할 문제를 표적문제라고 함
② 개입목표를 설정하기 위해서는 우선 표적문제가 선정되어야 함

(3) 개입목표 설정 ★★★★

① 문제해결을 위해 달성해야 하는 것

② 바람직한 변화 방향

③ 달성 가능한 것

④ 명시적, 측정 가능한 것

⑤ 사회복지 가치나 권리를 위해하지 않은 것

⑥ 기관 기능과 일치

SMART의 형식에 따른 개입목표 설정
- 구체성(Specific) – 구체적이고 특정하게
- 측정가능성(Measurable) – 측량 가능하게
- 성취가능성(Achievable) – 달성 가능하게 실현가능
- 현실성(Realistic) – 결과지향적
- 시기적절성(Timely) – 실천의 시간 안배

---

(4) 목표 설정지침 ★★★

① 클라이언트가 원하는 결과와 관련

② 명시적 측정 가능한 형태

③ 현실적으로 달성 가능

④ 사회복지사 지식과 기술에 상응

⑤ 성장을 강조하는 긍정적 표현 기술

⑥ 기관기능과 일치

(5) 목표설정의 우선순위(사정 – 단기 – 동기부여) ★★★

① 클라이언트에게 가장 시급한 문제

② 가장 단기간에 달성하여 성취감을 느낄 수 있는 것

③ 클라이언트에게 다른 목표에 도전할 수 있는 동기부여

④ 기관의 기능을 적합하고 사회복지사의 능력에 맞아 무리없이 달성 가능한 것

(6) 표적문제 선정 지침

① 중요하고 급하며, 해결가능이 확실한 것

② 주어진 시간 내 달성토록 2~3가지만 선정

③ 클라이언트 협의(중요)

④ 양자 모두 문제라 여기며 해결 기대한 합의된 문제

2. 계약

1) 계약의 개념

(1) 계약이란?

목표 설정과 그것을 달성하기 위한 전략, 클라이언트와 사회복지사의 역할, 시간, 장소, 비용, 개입기법, 평가방법 등에 대해 사회복지사와 클라이언트가 동의하는 것을 말함

- 서비스의 소비자인 클라이언트의 권리를 보장해주고, 클라이언트의 마음을 편안하 게 함

(2) 계약의 중요성 ★★★

① 계약 체결은 주요 개입단계, 소개하는 과정 자연스럽게 원조과정의 핵심

② 계약 시 달성해야 할 목표와 수단을 명확히 하고 참여자의 역할을 설명하여 도움이 제공되는 조건을 형성

③ 최초의 계약은 정해진 목표 달성을 위한 공동의 노력을 이끌 약속

2) 계약의 내용과 형식 ★★★

(1) 계약에 포함될 내용

① 시간적 조건: 개입시간, 세션의 빈도와 시간, 시작일 등

② 사회복지사의 역할, 클라이언트의 역할 및 서명

③ 클라이언트와 사회복지사가 합의된 목표

④ 클라이언트의 기대

⑤ 계약변경조건: 최초의 계약은 단지 예비단계일 뿐이고, 사례의 변화하는 환경에
따라 변경해야 함

⑥ 사용되는 개입형태 및 기법

⑦ 평가기법

⑧ 약속취소와 변경의 조건

⑨ 비용

(2) 계약형식

① 서면계약: 가장 공식적인 형태의 계약

– 장점: 서면계약으로 클라이언트의 의지를 더 강하게 할 수 있고, 오해의 가능성
을 최소화하며, 필요한 경우 언제라도 계약 내용을 검토 기능

– 단점: 서면계약의 준비는 많은 시간이 소요됨

② 구두계약: 서면계약과 근본적으로 같지만, 구두로 계약한다는 차이가 있으며, 목
표의 우선순위는 사회복지사가 개인적으로 기록하는 것이 좋음

– 장점

· 서면계약과 비교할 때 신속하고 쉬움

· 서면을 거부하거나 저항감 및 불신감을 가진 클라이언트에게 유용함

– 단점

· 서면계약과 같은 결정적인 힘이 없음

· 합의한 내용의 자세한 부분을 잊을 수 있음

③ 암묵적 계약: 실체로 서명화하거나 언어적하지 않았어도 암묵적으로 합의한 계약
을 말함

– 단점: 내용이 명시되지 않았기 때문에 서로 오해의 가능성이 있으며 따라서 주의
를 요함

3) 계약단계에서 사회복지사와 클라이언트의 역할

(1) 사회복지사의 역할

① 클라이언트가 문제를 충분히 이해할 수 있도록 도움

② 전문가로서 새로운 관점에서 문제를 볼 수 있도록 원조함

③ 클라이언트가 미처 생각해보지 못한 해결책을 제시하고 이를 고려해 볼 수 있는 기회를 갖게 함

④ 그러나 최종 결정은 클라이언트에게 있음을 명심해야 함

⑤ 목표성취에 장애가 되는 요인들을 예측하고 장애가 되는 요인들을 예측하고 장애 요인들을 극복하거나 최소화할 수 있는 전략을 수립 할 수 있도록 원조함

(2) 클라이언트의 역할

① 클라이언트는 계약단계에 적극적으로 참여하여 자신의 감정이나 욕구, 원하는바 등을 분명히 표현하고 계약에 반영될 수 있게 함

② 문제를 해결하는 주체는 사회복지사가 아니라 클라이언트 자신임을 인식하고 문제해결에 사회복지사는 협력적 동반자로 참여하고 도울 수 있도록 함

3. 개입

1) 개입단계의 개념
(1) 개입단계의 특징
① 개입단계란?

구체적인 행동을 통해 의도적인 변화가 일어날 수 있도록 지원하는 단계

사회복지실천과정에서 가장 핵심적인 부분

② 개입단계의 특징

- 개입단계에서 중요한 것은 사회복지사가 클라이언트의 변화과정을 관찰하고, 이전단계에서 설정된 목표가 제대로 달성하고 있는지 점검하는 것

- 일반적으로 직접적인 개입은 개인이나, 집단, 가족 등 미시체계 수준의 클라이언트에게 직접적으로 개입하며, 간접적 개입은 클라이언트를 돕기 위해 클라이언트 외의 개인, 소집단, 조직, 또는 지역사회에 개입하여 변화시킴

- 개입활동의 적절성과 효과성을 검토하기 위해 사회복지사는 개입과정을 평가하여야 하며 개입으로 인한 변화를 확인하고 지속시키는 것도 개입단계에서 사회복지사가 수행하여야 하는 과제 중 하나임

(2) 개입단계의 사회복지사 과제 ★★★
① 문제해결을 위한 구체적 변화전략을 수립함
② 교육, 동기유발, 자원연결, 행동변화 등을 통해 클라이언트의 변화를 창출함
③ 지속적인 점검을 통해 변화를 유지하고 평가함

(3) 개입단계에서의 사회복지사 역할 ★★★
① 중개자 역할
  - 클라이언트 차원에서의 직접적 개입이나 의뢰를 통해서 클라이언트가 필요로 하는 자원과 서비스를 연결하는 역할
  - 중개자는 자원을 파악하고 서비스가 적절하게 제공되는가를 점검해야 하므로 자원에 대한 정보와 자원과 클라이언트를 연결하는데 필요한 지식과 구체적인 기술들을 갖추어야 함
② 조력자 역할
  - 클라이언트가 스스로 문제해결 능력이나 대처능력을 키우고 자원을 찾을 수 있도록 원조하는 역할
  - 클라이언트의 욕구를 확인하고 문제를 규정하고 문제를 효과적으로 다룰 수 있는 능력을 개발시킴
③ 교사 역할
  - 클라이언트의 사회적 기능이나 문제해결능력이 향상될 수 있도록 교육적인 프로그램이나 정보를 제공하는 역할
  - 정보를 제공하는 것뿐만 아니라 적응기술을 익히도록 클라이언트를 가르치기도 함
  - 전문적 지식과 정확한 정보를 알아야 하며 클라이언트에게 정보를 명확히 전달하고 이해시키기 위해 의사소통 기술을 갖추어야 함
④ 중재자 역할

- 미시, 중범위, 거시체계 사이의 논쟁이나 갈등을 해결하는 역할
- 견해가 다른 개인이나 집단 사이의 의사소통을 향상하고 타협하도록 돕는 중재자는 중립을 유지하며 논쟁에서 어느 한쪽 편도 들지 않으며, 양측이 서로의 입장을 이해하고 있는지 확인해야 함
- 중재자는 자신의 위치를 분명히 하고, 의사를 잘못 전달하는지 인식하며, 관련 당사자의 입장을 명백히 밝히도록 도와줌
- 정확하고 완전한 정보를 가졌다고 확신할 때까지는 어느 쪽에도 치우치지 않는 것이 중요함

⑤ 옹호자 역할
- 사회정의를 지키고 유지하려는 목적으로 개인, 집단, 지역사회의 입장에서 직접적으로 대변, 보호, 개입, 지지하는 행동을 포함함
- 역할은 클라이언트를 위하여 일을 진행하고 대변하는 것으로, 특히 클라이언트가 필요한 것을 얻을 힘이 거의 없을 때에 적절함
- 클라이언트의 입장에서 클라이언트의 이해와 관리를 대변하지만 중재자는 제3자의 입장에서 쌍방의 이해를 절충하고 타협하는 등 체계 사이의 갈등 및 의견 차이를 조정하는 역할을 수행

01) 표적문제(target problem) 선정 시 고려할 사항으로 옳은 것은?   (15회 기출)

① 표적문제는 가능한 한 많이 선정하는 것이 좋다.

② 사회복지사와 클라이언트 중 어느 한쪽에서 문제로 인식하는 것은 모두 표적문제로 선정된다.

③ 표적문제의 우선순위를 정할 때 사회복지사의 전문적 판단을 중심으로 한다.

④ 표적문제를 선정할 때 사회복지사 자신의 지식과 기술을 고려한다.

⑤ 표적문제는 전문적 용어로 기술되는 것이 바람직하다.

☞ 해설

④ 사회복지사의 개입활동으로 해결이 가능해야 하므로 표적무제를 선정할 때 사회복지사 자신의 지식과 기술을 고려한다.

정답 ④

02) 표적문제의 우선순위 결정에서 고려해야 할 사항으로 옳지 않은 것은?

(16회 기출)

① 긴급성   ② 변화 가능성

③ 측정 가능성   ④ 해결 가능성

⑤ 클라이언트의 선택

☞ 해설

목표를 설정할 때 측정 가능하도록 설정한다.

정답 ③

제19장
|
직접개입과 간접개입(1)

1. 직접적 개입

1) 개인체계의 개입 ★★★★

(1) 의사소통 기술 ★★★

① 격려(encouragement)
- 문제해결 능력을 향상시키려는 기법 클라이언트의 행동이나 태도를 인정하고 칭찬해주는 것
- 자신감이 거의 없거나 자존심이 낮을 경우 또는 경험이 별로 없어서 두려워할 때 유용함
- 주로 어떤 일이 발생하기 전에 동기화시킴으로써 행동을 취하도록 하는 데 초점이 있음
- 행동과 감정, 태도를 칭찬하거나 인정해주는 기법
- 문제를 해결할 능력과 자질, 지식을 보유하고 있는 클라이언트에게 문제해결능력과 동기를 최대한 시켜주는 방법으로 효과적임
- 가능성에 대한 확신을 표현하는 기법이며, 클라이언트의 강점을 인정하고 지지

해 주는 것임

② 재보증(안심, reassurance)

- 능력이나 자질에 대해 사회복지사가 신뢰를 표현함으로써 불안과 불확실성을 제거하고 위안을 주는 것을 말함
- 합리적이고 현실적인 생각 또는 결정에 대해 의구심을 갖고 있을 때 사용됨
- 능력에 대해 사회복지사가 신뢰를 표현하고 자신감을 주는 것임

③ 일반화

- 생각, 느낌, 행동 등이 그와 비슷한 상황에 있는 다른 사람과 같다고 말해줌으로써 이질감이나 소외감, 일탈감을 해소하고 자신에 대한 신뢰감과 자신감을 회복시키는 기법

  예) 소진현상을 겪으면서 사명감이나 애정이 감소하고 있어서 사직을 고민하는 사회복지사에게 슈퍼바이저가 의외로 많은 사람들이 그런 고비를 겪게 되니 대처방법을 찾아 극복할 수 있다고 이야기를 해주는 것

④ 환기법

- 문제 또는 상황과 관련된 감정(분노, 증오, 슬픔, 죄의식, 불안 등) 을 표출하도록 하여 감정의 강도를 약화시키거나 해소시키는 기법

⑤ 재명명(rerfaming)=재구조화

- 어떤 문제에 대해 클라이언트가 부여하는 의미를 수정해줌으로써 시각을 긍정적으로 변화시키는 방법
- 구체적인 사실을 가지고 재명명하되, 새로운 시간의 해석이 신뢰성 있고 납득할 만한 것이어야 함
- 문제를 다른 시각으로, 즉 새로운 방식으로 이해하도록 돕는 것으로 재명명, 재규정이라고 함
- 특정사건이나 행동 또는 인생경험에 부여하는 의미를 수정하도록 돕기 위하여 사용되는 기법

  예) 아들의 과잉행동이 심각하다고 얘기하는 클라이언트에게 '아들이 활동적이네요.' 라고 얘기하여 부정적 문제에 긍정적 의미를 부여하는 경우

⑥ 초점화

- 자기 문제를 언어로 표현할 때 산만한 것을 점검해주고 말 속에 숨겨진 선입견, 가정, 혼란을 드러내어 자신의 사고과정을 명확히 볼 수 있도록 해줌
- 제한된 시간 내에 최대의 효과를 추구해야 하는 전문적 관계에서 불필요한 방황과 시간낭비를 막아주는 효과가 있음

⑦ 직면
- 말과 행위 사이의 불일치, 표현한 가치와 실행 사이의 모순을 클라이언트 자신이 주목할 수 있게 해주는 기술
- 자신의 문제를 부정하거나 회피하고 합리화하여 변화를 거부하고 개입을 피하려고 할 때 사용됨

⑧ 도전
- 자신의 문제해결 함에 있어 상충되거나 왜곡된 것 혹은 불일치하는 상황을 다룰 때 혹은 클라이언트가 문제를 부정하거나 회피하고 합리화할 때 사용하는 기술
- 다루기 곤란한 상황을 재고해보고 이를 해결할 수 있도록 돕기 위해 사용됨

도전기술을 필요로 하는 클라이언트의 행동이나 상황
- 문제를 문제로 인식하지 않는 것
- 문제를 해결할 수 있는 형태로 정의하지 않는 것
- 중대한 경험이나 행동, 감정을 잘못 해석하는 것
- 문제의 회피, 왜곡
- 행동의 결과를 예측하거나 이해하지 못하는 것
- 새로운 관점을 실행하기 주저하거나 의지가 없는 것

---

⑨ 정보제공
- 의사결정이나 과업 수행에 필요한 정보를 제공하는 것

⑩ 조언
- 해야 할 것을 추천하거나 제안하는 것

(2) 행동을 변화시키기 위한 기술

① 모델링

- 관찰학습과정을 통해 시행착오를 거치지 않고 원하는 행동을 학습할 수 있도록 하는 기법
  - 즉석모델링: 사회복지사 혹은 치료사가 바로 그 자리에서 모델링을 해서 제시하는 것
  - 상징적 모델링: 영화나 영상매체 등 다른 미디어 기술을 활용하는 것
  - 복합 혹은 다중 모델링: 집단상담과 같이 여러 사상을 한꺼번에 모델링하는 것

모델링 절차
- 변화를 필요로 하는 구체적인 행동을 파악함
- 모델을 제시함
- 클라이언트가 모델에 주의와 관심을 갖도록 함
- 모델을 행동을 따라하도록 함
- 따라한 행동을 강화함

---

② 타임아웃

- 어떤 행동을 했을 때 강화물이 많은 상태에서 강화물이 적거나 없는 상태를 옮겨 놓음으로써 바람직하지 못한 행동을 하지 못하게 하는 방법
- 이 방법을 적용할 때는 미리 경고를 주어야 하며, 시간을 짧을수록 좋음
  ※ 왜냐하면 아이를 너무 오랫동안 격리시키면 아이들은 그 의미를 잊기 때문에
  ※ 약 5분 정도가 적당함

③ 토큰강화

- 토큰경제라고도 함
- 여러 가지 바람직한 행동과 습관을 구체적으로 미리 정해 놓고 그 행동을 했을 때 그에 상응하는 토큰(징표)을 줌으로써 체계적으로 강화하는 것

④ 행동조성(행동형성, shaping)

- 강화의 원리를 가장 원칙적으로 따르는 것으로서 행동수정의 가장 대표적인 방법

- 특정 행동 수준까지 끌어올리기 위해 작은 단위의 행동으로 나누어 과제를 주는 것임
- 처음에는 아주 간단한 반응을 요구하지만 점점 강화물을 주는 기준을 까다롭게 하여 좀 더 복잡하고 정교한 반응을 습득하게 함

⑤ 행동계약
- 두 사람 이상이 서로 약속된 기간 동안 무엇을 할 것인가를 구체화해서 동의하는 것을 말함
  • 계약의 목적: 바람직하지 못한 행동을 하는 사람들에게 특권을 누리려면 책임 따른다는 것을 가르쳐 주고, 자기 자신을 스스로 통제할 수 있는 능력을 활용 하도록 해주는 것

⑥ 역할교환(반전)
- 다른 사람의 입장에서 바라보고 의견을 말하게 하는 기법
- 가족에게 적용할 경우, 가족 내 두 성원들이 서로의 역할을 바꾸는 경우를 말함
- 역할반전은 개인에 대한 개입기술도 사용되고, 가족에 대한 개입기술로도 사용됨

⑦ 시연(혹은 행동시연, rehearsal)
- 습득한 행동기술을 현실세계에서 직접 실행하기 전에 사회복지사 앞에서 기술을 반복적으로 연습하는 것
- 숨겨진 시연은 클라이언트가 원하는 반응에 대해 속으로 상상해보고 반영해보는 것이며, 명백한 시연은 클라이언트가 원하는 행동을 역할극에서 실제로 말로 표현하고 행동으로 나타내는 것
- 클라이언트가 특정 상황에 놓일 경우, 그 상황에 맞추어 다른 사람과의 상호작용에서 적절한 행동을 할 수 있도록 미리 연습하여 직면할 상황에 대해 클라이언트의 두려움을 해소시키고 상황에 적절하게 대응할 수 있는 자신감을 향상시키는 기법임

(3) 문제해결기술(Problem - solving skills)
① 문제해결기술의 필요성

- 문제해결기술은 미래에 직면하게 될 많은 어려움에 효과적으로 대처할 수 있게 도와주고, 하나의 원칙을 여러 상황에 적용할 수 있도록 함
- 예방기능으로서 실제 생활로 전환할 수 있는 기술은 점차 습득해 감에 따라 사회복지사에 대한 의존도는 점차 줄고 자기신뢰를 증가시킴

② 문제해결단계
- 1단계: 문제인식
- 2단계: 문제분석과 참여자들의 욕구 발견
- 3단계: 가능한 대안을 위한 브레인스토밍
- 4단계: 참여자들의 욕구를 고려한 대안 평가
- 5단계: 선택한 대안 실행
- 6단계: 문제해결노력 결과 평가

(4) 사회기술훈련(Social Skills Training, SST)

① 사회기술훈련의 목적과 적용
- 예방과 교정을 위한 폭넓은 다양한 기술을 가르치는 것으로서 현재 환경과 삶의 주기, 또는 역할관계에서 효과적으로 기능하는 데 필요한 기술을 습득할 기회를 제공함
- 예방프로그램은 미래의 부적응, 불행, 잠재능력 개발 실패, 생산성 상실 등에 관한 가능성을 줄이는 대처기술을 배워 사회적 역기능을 예방하려는 노력임
- 정신건강치료, 위탁보호, 약물남용치료 프로그램, 공공지원, 교정시설 등의 치료 프로그램보다 비용이 적게 듦

② 절차와 내용
- 학습목적의 논의 및 기술 설명
- 사회기술을 구성하는 요소 확인
- 시범(model)
- 각 요소를 이용한 역할극
- 역할극 평가
- 실제 삶의 상황에 사회기술 적용

(5) 자기주장훈련(Assertiveness Training, AT)

① 자기주장이란 자신과 타인의 권리를 동등하게 존중하면서 자신의 사고, 감정을 원하는 것 의견 등을 단호하게 요구하거나 표현하는 것을 의미함

② 자신의 사고나 감정을 미성숙하게 표현하거나 공격적인 방법으로 표현하기 때문에 대인관계에서 갈등이 발생할 수 있는데 자기주장훈련을 통해 이를 개선할 수 있음

자기주장의 행동유형이나 반응

• 요청을 거부하기

• 분위기와 어울리지 않는 의견 표현하기

• 자신의 약점을 인정하기

• 칭찬 수용하기

• 긍정적인 감정 표현하기

• 행동의 변화를 요구하기 – 대화를 주도하고 유지하기

---

(6) 스트레스 관리(이완훈련)

① 겪을 수 있는 스트레스 상황에 적절히 대처할 수 있도록 돕는 기술

② 특정 근육을 수축, 이완하는 기술을 가르치고 규칙적으로 깊은 호흡을 할 수 있는 방법, 즐거운 생각이나 이미지를 떠올리는 법을 훈련함으로써 스트레스에 대처할 수 있도록 도움

③ 스트레스 관리가 필요한 클라이언트

- 장기적 긴장으로 불안하거나, 위기상황으로 급성불안을 느끼는 사람

- 다양한 사건이나 상황을 예상하여 두렵고 불안한 사람

- 긴장성 두통, 편두통, 가슴팽창, 호흡곤란, 기타 생리학적 반을 나타내는 사람

- 불면증이 있는 사람

- 분노 통제에 어려움이 있는 사람

- 보통 정도의 우울증이 있는 사람

01) 문제에 대한 관점이나 인식을 변화시켜 새로운 이해를 촉진하는 개입 기법이 아닌 것은? (15회 기출)

① 모델링
② 직면
③ 재명명
④ 일반화
⑤ 재보증

☞ 해설

모델링: 타인의 행동을 봄으로써 새로운 행동을 학습하는 기법이다. 이는 문제에 대한 관점이나 인식을 변화시키는 것이 아니라 새로운 행동을 하게 되거나 기존의 잘못된 행동을 수정하는 기법이다.

정답 ①

제20장
|
직접개입과 간접개입(2)

1. 직접적 개입

1) 가족체계의 개입

(1) 시작단계

1단계: 가족과 라포 형성하기

2단계: 문제 표면화하기

3단계: 문제에 대한 합의 도출하기

4단계: 가족성원들의 상호관련성 탐색하기

(2) 미누친의 구조적 가족치료 개입기법 ★★★★

① 경계만들기

- 하위체계 간의 경계를 만드는 것임

- 가족의 재구조화를 위해서는 부부체계 간의 명확한 경계와 부모와 자녀의 하위
  체계 간의 분명한 경계를 설정하는 것이 매우 중요함

- 각 체계의 경계가 명확할 때 새로운 상호작용 유형이 생기고 체계의 기능은 증가함

     – 밀착된 가족에 대한 개입

      하위체계 간 경계선을 강화시키고 각 개인의 독립성을 키워줄 수 있음

     – 분리된 가족에 대한 개입

      가족 성원간의 지지적이고 통제하는 기능을 강화하여 하위체계 간 교류를 촉진시키고 경직된 경계선을 완화시킴

② 합류하기

     – 사회복지사가 개입 시 가족의 분위기를 파악하고 그에 맞추어 행동하고 감정을 표현하는 것임

     – 사회복지사가 가족의 현실상황에 들어가 함께 경험하는 것으로서, 가족 내부에 들어가는 것이고, 가족의 스타일에 맞추고, 가족구조를 변화시킬 수 있는 행동을 할 수 있는 것임

     – 개입 초기 단계에 많이 활용됨

③ 실연

     – 치표면담 중에 가족에게 역기능적인 가족성원 간의 교류를 실제로 재연시키는 것으로 가족들은 치료자 안에서 가족의 문제나 갈등상황을 직접 실현해 봄

     – 가족원들이 직접 행동함으로써 자신의 상호교류를 경험하고 관찰할 수 있음

④ 긴장 고조시키기

     – 가족 내의 긴장을 고조시킴으로써 대안적인 갈등해결 방법을 사용하도록 돕는 기법

     – 치료자가 가족체계의 경계선, 제휴, 연합, 권력에 직접 개입함으로써 가족들의 긴장을 고조시키고, 긴장을 고조시킴으로써 가족구조를 재구조함

⑤ 과제부여

     – 가족 상호교류에서 자연스럽게 발전될 수 없는 행위를 실연해 보도록 하며, 가족이 행할 필요가 있는 분야를 개발시키기 위하여 과제를 주는 것

(3) 경험적 가족치료 개입기법 ★★★★

① 가족조각

     – 언어적 표현이 부족하고, 소극적으로 참여하는 가족들이 자연스럽게 참여하면

서 치료에 관여하게 하는 기법
- 주어진 공간에서 구체적으로 관계유형을 볼 수 있고 경험할 수 있게 하는 진단적이고 치료적인 기법이기 때문에 가족을 사정할 때도 사용되고 개입기법으로 사용함
- 가족원 주에 한 사람이 조각자가 되어 각 가족원에게 자신이 지각하고 있는 것을 나타내는 위치와 신체적 표현을 하도록 하며, 나머지 구성원들은 조각가가 표현하고 싶은 것이 모두 표현될 때까지 자시를 유지함
- 가족체계를 공간을 통하여 상징적, 비유적으로 묘사한 후 가족원 모두는 조각을 한 이후에 경험한 것을 이야기하도록 함
- 가족원들은 가족에 대한 개인의 위치, 입장, 감정, 생각 등을 표현하고 다른 가족원들의 조각을 보는 과정에서 통찰력, 이해, 공감, 동정, 후회, 사과 등의 감정을 경험할 수 있음
② 역할극/역할연습, 역할반전
- 정상적 생활에서의 역할과는 다른 역할을 해보는 것을 말함
- 사회복지사는 한 성원이 다른 성원이 역할이나 특성을 맡도록 요청하여 새로운 행동을 시행해 볼 기회를 제공함
- 또한 다른 사람의 내면에 대한 이해를 높일 수 있게 하거나 자신의 역할을 수행하지만 이전과는 다르게 행동해 보도록 함으로써 실제 생활에서 겪을 수 있는 위험에 대한 부담 없이 새로운 행동을 연습하게 하는 기법임
③ 가족그림
- 치료자가 가족성원에게 가족을 인식하는 대로 그리도록 요구함으로서 예전에 미처 생각하거나 대화하지 못했던 상황을 경험하도록 돕는 기법

(4) 해결중심 가족치료 개입기법 ★★★
① 치료면담 전의 변화에 대한 질문
- 첫 면담시간에 치료자가 내담자에게 어떻게 문제의 심각한 정도가 완화되었는지를 내담자가 파악할 수 있도록 질문하는데 이것은 내담자의 잠재능력을 발견하고 내담자 자신의 의식하지 못하는 해결방안을 찾는데 도움이 됨

② 예외질문
  - 문제시되는 실패 경험보다는 성공했던 경험을 찾아내어 그것을 의도적으로 계속 실시함으로써 성공의 경험을 확장하고 강화하는 것
  - 문제가 없던 상황은 지금(문제가 있는 상황)과 어떻게 달랐었는지 탐색하게 함으로써 문제해결이 안된 그 상황을 확대하기 위한 단서를 찾게 함
③ 기적질문
  - 기적이 일어나서 문제가 해결되었다고 상상하게 함으로써 문제와는 별개로 해결책을 생각해보게 하여 기적이 일어났을 때 달라질 수 있는 일들을 실제 행동으로 해보게 하는 것
④ 척도질문
  - 구체적인 숫자를 이용하여 가족 성원에게 자신의 문제의 정도, 변화정도, 변화에 대한 의지 등을 표현해 보게 하는 것
⑤ 대처/극복 질문
  - 클라이언트가 절망적인 상황에서도 잘 견디어 내어 상황이 나빠지지 않은 강조하고 위기에서 살아남기 위해 적용한 방법을 파악하는 것
  - 문제 상황에 있는 내담자에게 경험을 활용하도록 하고 새로운 힘을 갖게 하며, 자신의 자원과 강점을 발견하도록 하는데 도움이 되는 질문임
⑥ 관계성 질문
  - 클라이언트와 중요한 관계에 있는 사람들의 시각에서 클라이언트를 보게 하는 질문임
  - 사람이 자신의 희망, 힘, 한계, 가능성을 등을 지각하는 방식은 자신에게 중요한 타인이 자신을 어떻게 보고 있을 것이라는 생각과 밀접한 관계가 있는데 클라이언트는 문제가 해결되었을 때 자신이 생활에서 무엇이 달라질 것인지에 대해 전혀 예측하지 못하는 경우가 있음
  - 그러나 클라이언트가 자기 자신에게 중요한 타인의 눈으로 보게 되면 이전에는 없었던 가능성을 만들어낼 수도 있음

(5) 전략적 가족치료 개입기법 ★★★

① 역설적 개입

- 전략적 치료모델에서는 문제해결을 위해 시도되었던 기존의 방법과 전혀 상반된 방법을 사용함
- 치료자들은 흔히 가족원에게 상식에 반하는 일을 행하거나 믿게 하려고 노력함
- 그러한 방법은 역설적인 점이 있음으로 '역설적 개입'이라 봄
- 역설적 개입은 변화시켜야 하는 증상에 대하여 변화시키지 말라는 지시를 함으로써 클라이언트는 치료적 이중구속의 상황에 빠지게 되는데 사회복지사가 '변화하지 말라'고 지시한 것을 충실히 따른다면 클라이언트는 이미 증상을 통제할 수 있게 되는 것이고, 만일 사회복지사의 지시를 따르지 않는다면 증상을 포기하게 되는 것임
- 증상처방, 제지기법, 시련기법 등이 있음

증상처방

- 클라이언트에게 증상행동을 자발적으로 계속하도록 격려하는 지시나 과제를 주는 기법

제지기법

- 변화의 속도가 지나치게 빠르다고 지적하고 가족원에게 천천히 진행하라고 경고하거나 또는 개선이 생길 때 퇴보에 대해 걱정하는 방법
- 가족은 양가감정 중에서 변화를 원하는 면으로 반응하게 되어 치료효과를 가져오는 결과를 가져옴

시련기법

- 변화를 원하는 사람에게 증상보다 더 고된 체험을 하도록 과제를 주어 증상을 포기하도록 하는 기법
- 치료자는 문제를 명확히 규정한 후 증상이 재발될 때마다 고된 시련을 겪도록 과제를 줌

---

② 긍정적 의미부여

- 밀란 모델의 기법

- 문제를 지속시키는 가족의 행동을 긍정적으로 재해석하는 방법으로 부정적 증상행동을 긍정적인 동기로 설명해줌
- 이는 '증상이 가족체계의 균형을 유지하고 가족의 응집성을 촉진하기 때문에 긍정적이라는 것' 이라는 의미를 부여하여 파괴적인 가족게임을 무력화시킴

③ 순환적 질문하기
- 가족성원들이 문제에 대해 제한적이고 단선적인 시각에서 벗어나 문제의 순환성을 깨닫도록 돕기 위한 질문을 연속적으로 하는 기법
- 클라이언트가 자신의 관계의 맥락에서 보게 하고 또 다른 가족원들의 관점에서 바라볼 수 있게 함

④ 재구성
- 재명명 혹은 재규정이라고 함
- 가족성원들이 문제 혹은 이슈를 다른 각도에서 보게 하거나 이해하도록 돕는 기법
- 가족 내 한 성원이 다른 성원에 대해 갖는 부정적인 생각을 보다 새롭고 긍정적인 시각으로 변화하게 함

01) 전략적 가족치료의 치료적 이중구속에 관한 설명으로 옳지 않은 것은?

(17회 기출)

① 증상을 이용한다.
② 빙산기법을 이용한다.
③ 지시적 기법을 이용한다.
④ 역설적 기법을 이용한다.
⑤ 치료자의 지시를 따르지 않아도 문제가 해결될 수 있다.

☞ 해설

② 빙산기법: 경험적 가족치료의 기법, 개인의 내적 과정을 이끌어내는 은유적인 기법, 개인의 행동 이면에 있는 기대, 감정, 감정에 대한 감정, 지각, 열망 그리고 자아에 대해 탐색하며 이를 통해 자기가치를 찾고 자아통합을 하도록 돕는 기법, 개인을 빙산으로 비유할 때 수면 위에 보이는 것은 사람의 행동이고 수면 아래에 있는 것은 사람의 감정, 기대, 지각, 열망 등이다.

정답 ②

02) 다음 사례에 해당하는 전략적 가족치료의 개입기술은?

(14회 기출)

> 컴퓨터 게임중독의 문제를 겪는 자녀가 새벽까지 게임을 하다가 중단하려고 할 때, 엄마: (진지하게) "조금 더 하지 그러니 그만두지 말고 계속 해."
> 자녀: "아니에요."

① 증상처방(predecribing)　　② 제지(restraining)
③ 재정의(reframing)　　④ 재보증(reassurance)
⑤ 합류하기(joining)

☞ 해설

증상처방은 전략적 가족치료의 개입기술로서, 역설적 개입의 일종이다. 클라이언트에게 증상행동을 멈추지 않고 계속하도록 격려하는 지시나 과제를 주는 기법이다.

정답 ①

제21장
|
직접개입과 간접개입(3)

1. 직접적 개입

1) 집단체계의 개입

(1) 집단과정 촉진기술

① 사회복지사가 집단과정에 영향을 미치려는 의도가 있을 때 사용함

② 집단 성원 간의 이해를 증진하고 개방적 의사소통을 형성하며 신뢰감을 형성시키는데 도움을 줌

③ 집단구성원의 참여를 촉진하기
- 집단에 참여한 성원들 모두가 집단과정에 참여하는 것이 이상적임
- 사회복지사는 소외되거나 침묵 하고 있는 집단성원들이 생기지 않도록 집단성원들의 참여를 촉진해야 함
- 집단과정이나 활동 참여에 소극적인 성원들을 토론에 참여시켜 자신의 생활경험을 나누고 문제해결 방법을 찾도록 원조함

④ 집단성원에게 집중하기
- 집단성원이 말하는 것이나 행동하고 있는 것에 주의를 집중하는 것으로서 상대

방의 말과 행동에 대한 느낌과 존중의 메시지를 전달하는 것

- 사회복지사는 집단성원의 언어적, 비언어적 의사소통을 적극적으로 관찰하고 주의 깊게 경청하며 의사소통의 흐름을 따라가면서 집단성원에게 집중함
- 집단원이 하는 말을 반복하거나 다른 말로 표현하는 것, 집단원이 말한 바의 이면에 숨어 있는 의미에 감정 이입적으로 반응하는 것, 집단원과 눈맞춤하거나 고개를 끄덕임으로써 집단원들에게 관심이 있음을 표현하는 것 등이 이에 해당됨

⑤ 표현기술
- 집단원들의 생각이나 느낌을 자유롭게 편안하게 표현하도록 원조하는 것
- 집단원들이 말하기를 꺼리거나 어려워하는 주제에 대해 사회복지사가 먼저 자기개방을 하면 개방적인 의사소통이 이루어질 수 있는 계기가 됨

⑥ 반응기술
- 특정한 집단과정에 선별적으로 반응하여 다음에 이루어질 집단과정에 영향을 미치는 기술
- 집단성원의 노력을 지지하는 반응은 집단성원의 행동을 강화함으로써 그 행동을 계속하게 만들지만, 집단원의 행동이나 말에 반응을 보이지 않거나 동의를 하지 않으며 집단원을 그 행동을 하지 않게 됨

⑦ 집단의사소통의 초점유지하기
- 집단과정의 특정 영역에 초점을 둠으로써 관련 없는 의사소통을 감소시키고, 중요한 문제에 대해 심도 있는 탐색을 할 수 있게 하는 기술
- 구체적인 기술로는 명확화, 특정 의사소통의 반복, 토론범위 제한 등이 있음

⑧ 집단과정을 명확하게 하기
- 집단성원들이 어떻게 상호작용하고 있는가를 성원들이 인식할 수 있도록 도와주는 기술
- 집단성원들이 자신의 감정, 사고 그리고 행동유형이나 상호작용에 대한 이해를 도모하기 위해 사용함
- 현재 일어나고 있는 일이 무엇이며 이에 대해 어떻게 생각하고 느끼는지, 특정한 상호작용 형태를 지적하거나 특정한 상호작용 형태가 만족스러운지 등을 물어봄

으로써 집단과정을 명확히 할 수 있음

⑨ 내용 명료화하기
- 집단성원 간 상호작용의 내용을 명료화하는 기술
- 집단성원의 의사소통을 원활히 하기 위해 집단원들이 자신을 분명히 표현할 수 있도록 원조하고, 특정한 메시지를 집단성원이 잘 이해했는지 질문을 하거나 검토하기도 함

⑩ 집단 상호작용 지도
- 집단의 목적 달성을 위해 특정한 방향으로 집단을 이끌어나가는 기술
- 하위집단의 역기능적 작용을 수정하고 집단의 과업성취에 도움이 되는 상호작용을 촉진하며, 의사소통의 방향을 재조정함으로써 개방적인 의사소통을 장려하기 위해 사용함
- 특정 성원의 의사소통을 제한하거나 격려하며, 성원 간 의사소통을 연결하여 집단의 상호작용 형태를 이끌어감

(2) 자료수집과 사정기술

① 자료수집과 사정기술은 의사소통 유형에 어떤 영향력을 행사할 것인가를 계획하고 집단의 목적 성취를 위해 어떤 기술을 사용할 것인지를 결정하는 데 유용한 기술

② 사회복지사는 집단성원의 문제를 이해하고 계획을 세우기 위해 질문을 하거나 정보를 요청하고 분석하는 기술들을 사용함

자료수집과 사정기술
- 확인 및 묘사하기
- 정보를 요청하고 질문하고 탐색하기
- 요약 및 세분화하기
- 언어적, 비언어적 의사소통 통합하기
- 정보 분석하기

---

(3) 행동기술(집단 목적과 과업 성취하기)

① 지지하기

② 재구성 및 재명명

③ 집단구성원의 의사소통 연결하기

④ 모델링, 역할극, 실연, 코치

⑤ 갈등해결

⑥ 지시하기

⑦ 조언, 제안, 교육

⑧ 직면

⑨ 자원 제공하기

2. 간접적 개입

1) 간접적 개입의 유형

(1) 사회적 지지체계의 활성화

① 자연적 지지체계의 활성화

- 사회복지사 기존의 체계들이 클라이언트의 욕구에 맞게 적절히 기능하도록 원조하는 것

- 산업화, 도시화, 핵가족화로 인해 줄어들고 있는 클라이언트의 자연적 지지체계를 의도적 개입으로 활성화하는 것

  예) 한부모 가정의 여성들의 탁아문제를 같은 지역의 한부모 가정 여성들이 돌아가면서 자녀들을 돌보아 줌으로써 해결하는 경우

② 공식적 지지체계의 활용

- 클라이언트의 욕구에 환경이 반응할 수 있도록 기존의 공식적 지지체계를 활용하는 것

- 사회복지기관이나 프로그램 혹은 서비스를 활용하는 것이 이에 속함

- 사회복지사는 클라이언트의 특수한 욕구를 만족시킬 수 있는 지역사회 내 다양

한 기관과 프로그램에 대한 충분한 정보를 가지고 있어야 함

(2) 서비스 조정에 관련된 내용

> 다양한 문제를 가진 클라이언트에게 복합적인 서비스가 주어질 때 서비스의 중복과 누락을 방지하면서 서비스의 공동목적을 달성하기 위하여 적절한 시가와 방법으로 클라이언트를 원조할 수 있도록 조정하는 것으로 서비스 연결, 의뢰, 사례관리 등의 형태가 있음

① 서비스 연결 – 한 기관의 여러 전문가들이 특정 CT관련 연결
② 의뢰 – 다른 기관 전문가들이 연결되어 서비스 제공
③ 사례관리 – CT의 필요한 서비스나 자원을 연결 조정 점검 평가

(3) 프로그램 계획과 개발

① 클라이언트의 문제를 해결할 수 있는 서비스와 프로그램이 지역사회 내에 존재하지 않을 때 사회복지사는 지역 내 영향력을 가진 사람들이 문제를 인식하도록 정보와 자문을 제공함
② 지역주민을 대상으로 욕구조사를 실시하여 클라이언트의 욕구와 문제를 해결할 수 있는 프로그램이나 서비스를 개발함

(4) 클라이언트의 옹호 ★★★

① 클라이언트에게 제공되지 않은 자원과 서비스를 얻을 수 있도록 함
② 클라이언트에게 불리한 영향을 미치는 실천이나 절차, 정책들을 수정함
③ 필요한 서비스와 자원을 제공 받을 수 있는 정책이나 절차를 만들기 위해 클라이언트와 함께 또는 클라이언트를 대표해서 일람

(5) 지역사회 내 기관 간의 협력

① 클라이언트의 문제가 복잡하고 다양하기 때문에 클라이언트의 욕구를 효과적으로 충족시켜주기 위해서 지역사회 내 존재하는 다양한 조직이나 기관 간 협조가 필요함

② 사회복지사는 기관에 정보를 교환하거나 협조체계를 구축하여 클라이언트의 욕구에 유연하게 대응해야 함

(6) 환경조작(환경조정, environmental manipulation)

① 사회적 기능을 강화하기 위해서 클라이언트의 환경에 변화를 가져오는 것
② 대인관계를 포함한 생활환경의 개선을 위하여 사회자원을 사용하기도 하고, 심리적 원조를 제공하여 사회 환경에 있어 좋지 못한 요인들을 감소시키거나 제거하여 생활 기능을 강화하기도 함

2) 간접적 개입에서의 사회복지사의 역할

- 중재자, 옹호자, 중계자

01) 집단 프로그램 유형별 지도자의 역할로 옳지 않은 것은?　　　(15회 기출)

① 한 부모가족 자조모임 – 감정이입적 이해와 상호원조의 촉진자

② 중간관리자 역량강화 프로그램 – 집단토의를 위한 구조제공자

③ 에니어그램을 통한 자기인식 향상 프로그램 – 통찰력 발달의 촉진자

④ 우울증 인지행동집단치료 프로그램 – 무력감 극복을 위한 옹호자

⑤ 중도입국자녀들의 한국사회적응 프로그램 – 프로그램 디렉터

☞ 해설

우울증 인지행동집단치료 프로그램은 치료모델에 속하며 치유집단(therapy group)
이다. 치유집단에서 집단지도자는 전문적인 변화매개인으로의 역할을 한다.

정답 ④

02) 집단 프로그램 참여자에 대한 사전면접의 중요성에 관한 설명으로 옳지 않은 것은?
　　　　　　　　　　　　　　　　　　　　　　　　　　　　　(15회 기출)

① 관계형성을 하고 개별적인 관심사를 찾아낼 수 있다.

② 추가정보를 얻어서 개입의 방향을 조정할 수 있다.

③ 참여자에 대한 사전지식으로 집단 내 행동의 의미를 빨리 파악할 수 있게 한다.

④ 참여자들이 집단 내에서 좀 더 쉽게 개방적이 되도록 돕는다.

⑤ 패턴화된 집단행동을 확인하고 성장을 지원할 수 있다.

☞ 해설

패턴화된 집단행동을 확인하는 것은 집단활동 시 사회복지사가 집단원 개인이나 전
체로서의 집단을 사정하여 이루어진다. 부정적으로 패턴화된 집단행동에 대해서는
개입하여 집단이 목표하는 바를 이룰 수 있도록 돕는다.

정답 ⑤

제22장
|
종결단계

1. 종결단계

1) 종결단계의 과업 ★★★★

① 종결은 사회복지사와 클라이언트의 전문적인 관계가 종료되는 원조과정이 마지막
  단계로 클라이언트의 욕구에 의해 클라이언트를 중심으로 이루어져야 함
② 클라이언트가 상실과 이별에 직면하면서 다양하고 복잡한 감정과 태도를 보이기
  때문에 사회복지사는 이에 민감하게 반응하고 기술적으로 접근하는 것이 필요함
③ 종결단계에서 사회복지사가 어떻게 마무리 짓느냐에 따라 클라이언트가 공식적인
  과정을 마친 후, 원조과정에서 획득한 진전 상태의 유지가 계속해서 성장해 나가
  는 데 있어 영향을 미침

(1) 적절한 종결 시기 결정하기 ★★★★
① 개입목표의 달성 정도
② 서비스 시간 내 제공완료 여부
③ 클라이언트의 문제 상황의 해결 정도

④ 사회복지사와 기관의 투자노력

⑤ 이득체감(더 이상의 만남이 큰 도움이 되지 않으리라는 것)에 대한 협의

⑥ 클라이언트 의존성

⑦ 클라이언트에 대한 새로운 서비스의 적합성 여부: 의뢰

(2) 정서적 반응다루기 ★★★

① 클라이언트는 목적이 달성되지 않았을 경우 실망, 사회복지사에 대한 분노, 버림 받았다는 느낌 등 다양한 감정을 느낄 수 있음

② 이전에 거부당한 경험이 있는 클라이언트는 상처받기 쉽고 자존심이 약하기 때문 에 사회복지사가 떠나도 변화를 위한 노력을 계속해 나가기를 바란다는 언급을 하 고 지지와 격려를 제공함

③ 사회복지사는 클라이언트의 부정적, 긍정적인 모든 감정표현을 허용하고 다른 사 회복지사에게 의뢰하는 것을 수용하도록 도와야 함

(3) 효과의 유지와 강화

① 획득된 성과를 유지하고 일반화하며, 계속 발전할 수 있도록 계획함

② 클라이언트로 하여금 문제해결의 기본원칙을 파악하도록 원조함

③ 표적문제에 대해 문제해결의 원칙이 어떻게 적용되었는지 검토하고 일반화 방법 등에 대해 예측, 연습함

사후관리

종결 후 일정기간(1~6개월 사이)이 지나서 클라이언트가 잘 적응하고 있는지, 변화의 유지 정도를 확인하는 것

---

(4) 의뢰

① 사례가 종결되었지만 클라이언트에게 새로운 서비스가 더 필요하거나 해결되지 않는 문제가 있는 경우 의뢰함

② 클라이언트는 필요한 도움을 더 이상 받지 않으려고 할 수 있기 때문에 조심해야 함

(5) 평가

사회복지개입의 결과나 과정을 조사기법을 활용하여 사정하는 것으로 사회복지실천에서 개입활동이 효율적이고 효과적으로 결과에 작용하였는지 평가하는 것

2) 종결의 유형

(1) 클라이언트의 일방적 조기종결: 계획되지 않는 종결

① 클라이언트가 갑자기 약속을 어기거나 이런 저린 핑계를 대면서 올 수 없다고 알리거나 자기문제를 노출시키지 않으면서 종결을 원하는 것
② 클라이언트가 불만이 있을 때 저항의 방법으로 사용하기도 함
③ 이런 경우 종결 전에 클라이언트의 부정적인 감정을 해소해야 함
④ 사회복지사는 클라이언트의 부정적인 감정에 관하여 논의하기를 원한다고 말하고 함께 다루어 나감

(2) 기관의 기능과 관련된 시간의 제약에 의해 결정된 종결: 계획된 종결

① 실습생이 실습을 종결하는 경우 실습생이 맡았던 프로그램이나 면접은 종결됨
② 입원기간 내에 제공되는 서비스, 학기 중에만 제공되는 서비스 등이 해당됨
③ 실습기간이 끝나 종결하는 것이라면, 실습생은 자신이 지도, 감독 받고 있는 학생이라는 것과 기관을 떠나는 시기에 대해 클라이언트에게 미리 알려야 함
④ 미리 알리는 종결이므로 클라이언트는 종결에 대한 준비를 할 수 있고 충분한 시간을 갖고 준비할 수 있음
⑤ 시간적 제한 때문에 충분한 서비스가 제공되지 못할 수도 있는 단점이 있음
   예) 개입이 필요한 기간이 3개월인 것과 3개월 후에 실습이 끝나기 때문에 3개월간만 서비스를 제공하는 것은 다르며, 개입에 충분한 기간이 되지 못할 수도 있음
⑥ 예정된 종결임에도 불구하고 클라이언트는 서비스가 중단되었다고 생각할 수도 있고, 사회복지사는 남아 있는 문제를 해결하기 위해 다른 기관에 의뢰해야 하는 부담을 가질 수도 있음
⑦ 사회복지사는 클라이언트에게 기관의 한계를 설명하여 신뢰관계가 손상되지 않도록 주의하고 적절한 기관에 의뢰함

(3) 시간제한적인 개입모델에 따른 종결: 계획된 종결

① 처음부터 사회복지사와 클라이언트가 기간을 정하고 시작

② 정서적 애착과 의존이 줄어들고 종결에 따른 상실감도 감소함

③ 시간제한적인 방식에도 나름대로 종결에 따른 반응은 나타나기 때문에 이러한 클라이언트의 반응에 민감하게 대처하고 적절히 다루어야 함

> **사회복지사의 과제**
> - 클라이언트가 얻은 것을 분명히 함
> - 지속적인 개입이 필요한 경우 또 다른 계획을 세움
> - 개입기간 동안 배운 바를 클라이언트가 일상생활에 어떻게 적용할 것인지 확인함
> - 사후세션을 계획함
> - 과업 중심적 접근에서 사회복지사는 마지막 직전의 면접에서 다음의 마지막임을 명확히 언급하여 공식적으로 종결을 시작하는 것이 좋음

(4) 시간제한이 없는 개방형 모델에 따른 종결: 계획을 세워나가는 종결

① 종결은 사회복지사의 욕구가 아니라 클라이언트의 욕구에 근거해서 이루어져야 함

② 종결 시기를 정하는 것이 중요한 과업임

※ 클라이언트에게 서비스가 더 이상 필요하지 않거나 서비스를 제공하는 것이 현 시점에서 더 이상 이득이 되지 않는다고 판단될 때 종결하는 것이 원칙

(5) 사회복지사의 사정으로 인한 종결

① 사회복지사의 개인적 사정으로 인해 중단하는 경우

② 사회복지사의 갑자기 이직하거나 퇴직하는 경우

③ 클라이언트의 비협조와 동기 부족 등으로 개입이 도움이 되지 못한다는 판단으로 종결하는 경우

④ 계속적인 원조를 원하므로 클라이언트와 사회복지사 모두에게 어려움이 있을 수 있음

⑤ 배신감, 거부당한 느낌 등으로 자존심에 상처를 입을 수 있음
⑥ 클라이언트의 부정적인 감정을 표현할 기회를 주고 극복할 수 있도록 도와준 후 다른 사회복지사에게 의뢰

3) 종결에 따른 반응 ★★

(1) 긍정적인 종결

① 긍정적 종결로 클라이언트는 성취한 이득으로 인해 종결로 인한 상실감의 충격이 감소하게 됨
② 강점 중심과 문제해결 접근법을 사용하는 경우 모두는 성취감을 느끼게 됨

(2) 부정적인 종결

① 치료 및 사회복지사에게 집착
② 과거문제 재발
③ 새로운 문제 호소
④ 사회복지사의 대리인 발견

(3) 사회복지나 떠날 때의 정서적 반응 다루기

① 이 경우 모두 힘든 경우로 특히 이전에 거부당한 경험이 있는 클라이언트는 상처 받기 쉽고 자존심이 약해짐
② 상실감을 거부하기 위해 평소와 같은 행동을 보일 수 있는데 이것은 종결을 극복 한 것이 아니라 고통스러운 현실과 관련된 감정을 피하기 위한 시도일 수 있음으 로, 이 감정에 직면하게 함
③ 시간이 허락하는 한 부정적, 긍정적인 모든 감정 표현을 허용하고 다른 사회복지 사에게 의뢰하는 것을 수용하도록 도와야함

(4) 실패로 인한 종결

① 개방형 종결 서비스에서, 문제를 극복하기 위해 아무리 노력해도 절망 속에 갇혀 있을 때 종결하고자 해야 함

② 집단도 성원들이 혼란스럽고, 실망하고, 지도자나 다른 성원에게 화가 난 채 성공
　적이지 못한 결과로 끝날 수도 있음
③ 협조적인 관계로 원조과정에 참여하려 노력했지만 개입의 결과가 기대했던 만큼
　나오지 않거나 실패할 수도 있음
④ 바람직한 성과를 성취하지 못한 요인과 추가 도움을 구하는 것에 대한 클라이언트
　의 감정을 다루어야 함
⑤ 부정적 감정을 성공적으로 극복하기 위해서 그 감정을 이겨낼 수 있을 때까지 감
　정에 초점을 두어야 하며 공감적 의사소통, 따뜻함 등의 기술과 태도들이 필요함
⑥ 반복하여 거절을 경험한 클라이언트는 종결을 거절한 것으로 잘못 해석할 수 있음
⑦ 이런 경우, 분리에 대한 반응을 알고 이해함

(5) 사후세션(사후관리)

① 종결 후 1~6개월이 지났을 때 변화를 평가하고 유지하기 위해 사후세션을 갖는
　것은 평가 및 변화유지와 밀접한 관련이 있기 때문에 매우 중요함
② 종결 후 계속 진보하며, 사회복지사는 그런 이득에 대한 확신을 갖고 계속 노력하
　도록 독려함
③ 원조과정 초기에 사후세션을 설명하고 과정을 진행하면서 때때로 상기시킴으로써,
　그것이 계획의 일부임을 명확하게 사후세션을 사생활 침해나 사회복지사의 개인적
　인 호기심을 만족하기 위한 것으로 인식하는 위험을 방지함
④ 사후세션은 사회복지사의 노력에 대해 더 많이 평가할 수 있는 기회로, 가장 도움
　이 된 것과 그렇지 않은 것을 돌아볼 수 있음
⑤ 사후세션은 기능적으로 퇴보하는 것을 막도록 적절한 원조를 계획하거나 종결 이
　후 발생한 문제나 잔여문제를 다룰 수 있는 기회를 제공함
⑥ 사후지도는 더 이상 개입이 이루어지지 않거나 모든 개입이 종결된 다음 개입목적
　과 관련하여 클라이언트의 기능 수준에 관한 정보를 획득하는 것임

01) 평가 및 종결 단계에서 사회복지사의 역할에 관한 설명으로 옳지 않은 것은?

(16회 기출)

① 변화전략 설정   ② 진전수준 검토   ③ 사후관리 계획

④ 정서적 반응 처리   ⑤ 결과의 안정화

☞ 해설

변화전략 설정은 개입단계의 과제에 해당된다. 개입단계에서 사회복지사는 클라이언트가 문제를 해결하려는 노력을 지원하기 위해 다양한 변화전략을 수립한다.

정답 ①

02) 종결단계의 사회복지사 과업으로 옳지 않은 것은?   **(17회 기출)**

① 클라이언트가 이룬 성과를 확인한다.

② 종결에 의한 클라이언트의 상실감에 공감한다.

③ 클라이언트의 감정을 이해하고 있음을 전달한다.

④ 클라이언트의 비언어적 메시지에 민감하게 반응한다.

⑤ 종결에 대한 클라이언트의 부정적 감정은 다루지 않는다.

☞ 해설

종결단계의 사회복지사 과제에는 정서적 반응 다루기가 포함된다. 클라이언트는 종결에 대한 기쁨도 있지만 사회복지사와 헤어지게 되는 서운함과 슬픔, 두려움과 같은 복합적 감정을 느끼게 된다. 사회복지사는 클라이언트가 느끼는 감정을 솔직하게 표현하도록 도와주어야 한다.

정답 ⑤

제23장
|
평가단계

1. 평가단계

1) 사회복지실천평가

(1) 평가의 개념

사회복지사의 개입 노력을 사정하는 것으로 개인이나, 가족, 집단, 지역사회를 대상으로 실시한 개입의 변화를 일으켰는지, 어느 정도의 변화가 생겼는지를 사회복지실천 활동이 효과적이었는지 효율적이었는지를 판단하는 것임

(2) 사회복지실천평가의 중요성

① 원래 계획했던 대로 서비스를 제공해서 결과에 도달했는지, 즉 목표의 달성 여부를 사회복지실천이 얼마나 효과적이었는지를 측정함

② 동일한 비용으로 높은 효과를 내었을 때 효율성은 증가하게 되는데 평가과정을 통해 실천의 효율성을 측정할 수 있음

③ 재정적인 자원이나 지역사회의 승인이 필요할 때 이에 대한 근거를 제시하는 계획안이 됨

④ 사례의 진행 정도에 대해 사회복지사 자신뿐만 아니라 지역사회와 클라이언트에
  게 알려 줄 책임을 이행할 수 있음
⑤ 클라이언트는 어떻게 반응하고 있는지, 계획했던 변화가 일어나고 있는지 등 변화
  과정에 대한 모니터를 할 수 있음
⑥ 사회복지사의 능력 향상

2) 평가의 유형 ★★★
(1) 결과평가(=성과평가, outcome evaluation)
① 개념
  - 설정했던 목표들이 얼마나 달성되었는가를 평가하는 것, 즉 개입을 통해 원했던
    변화가 일어났는가를 평가하는 것임
  - 원하는 변화가 사회복지실천 활동, 즉 개입을 통해 일어났다는 것을 검증해야 함
  - 개입효과 검증을 위해 사전·사후 비교방법, 통제집단과 실험집단 비교방법 등
    을 사용함
② 단일집단 사전·사후 비교방법
  - 사회복지실천평가에서 많이 사용됨
  - 개입하기 전 문제 수준을 측정하고 개입 후 다시 같은 방법으로 문제의 정도를
    측정하여 개입 전후 문제의 수준이 변화하였는지 측정하여 변화를 개입의 결과
    를 보는 것임
  - 개입 후 문제 수준이 감소하였다면 개입이 문제를 감소시키는 데 영향을 미쳤다
    고 판단, 즉 개입의 효과성이 증명됨
③ 통제집단과 실험집단 비교
  - 개입을 한 후(=실험집단) 와/과 개입을 하지 않은 집단(=통제집단) 을 비교하여
    그 차이를 개입의 결과로 추정하는 것을 말함
  - 사전·사후 비교방법에 비해 별로 활용되지 않는데, 개입이 필요한 집단에 의도
    적으로 개입을 하지 않은 것은 사회복지윤리에 맞지 않기 때문임
  - 두 집단 간의 차이를 개입의 결과라고 판단하기 위해서는 개입 이외 다른 것을
    영향을 미치지 않아야 되는데 실제로 개입 이외에 다른 요인이 영향을 미치지 않

는 경우는 거의 없기 때문임

(2) 과정평가(process evaluation)

① 과정평가는 사회복지실전과정을 분석하기 위한 것으로 성과평가에서 간과하기 쉬운 프로그램의 준비, 진행, 종결과정에서 환경적인 요인과의 관련성을 프로그램의 과정에 따라 분석하는 기법

② 사회복지실천개입이 클라이언트에게 도움이 되었는지, 클라이언트가 원조과정을 어떻게 인지했는지를 평가하는 것이며, 원조과정에서 도움이 되었거나 방해되었던 기술과 사건에 대해 클라이언트의 피드백을 받으며 사회복지사는 분별력을 가지고 기술을 사용할 수 있게 됨

③ 과정평가의 핵심은 긍정적인 변화를 유발할 수 있는 일반적인 요소를 잘 알아 실천에 통합하고 치료적 효과를 향상시키는 것임

④ 평가 내용에는 사회복지사 목표달성을 위해 사용한 방법이나 기법에 대해 피드백하는 것도 포함함

(3) 사회복지사 평가(=실무자 평가)

① 개입과정 동안 사회복지사의 행동이나 태도 등이 개입에 어떠한 영향을 주었는지 알아보기 위해 클라이언트로부터 피드백을 받는 것을 말함

② 클라이언트의 긍정적 피드백을 사회복지사로 하여금 강점을 더 잘 알게 하고 그것을 미래에 자주 활용하게 함

③ 부정적인 피드백은 때로 고통스럽지만 사회복지사의 주의산만, 반치료적 행위나 태도, 매너리즘을 알려준다는 점에서 역시 매우 도움이 됨

(4) 형성평가(formative valuation)

① 활동의 진행가정에서 개입을 부분적으로 수정, 개선, 보완하는 데 필요한 정보를 얻기 위하여 주기적으로 진전 상황 평가하는 활동을 말함

② 사회복지사가 과정을 검토하도록 하고 필요한 경우에 개입계획을 수정할 수 있도록 함

③ 이러한 의미에서 형성평가는 실천과정의 점검이라고 할 수 있음

④ 형성평가는 개입과정에 대한 평가이며 사회복지실천과정에 초점을 두고 주기적으로 진전 상황을 평가하는 것임

(5) 총괄평가(summative valuation)

① 활동이 종결되었을 때, 그 활동이 결과로서 산출된 성과와 효율성에 대하여 종합적인 가치 판단을 하는 평가를 말함

② 사회복지실천에서 개입이 종결되었을 때 그것이 효과성, 즉 목적달성 여부와 관련하여 그 요인을 분석하는 것

③ 개입의 목표로 하는 바를 얼마나 잘 성취했는지를 평가하는 것으로 개입방법의 성과나 효과, 즉 효율성과 효과성을 평가함

(6) 클라이언트 만족도 평가

① 개입기간 동안 클라이언트가 받은 서비스 혹은 프로그램에 대한 클라이언트의 의견을 구하는 평가방법

② 단일사례나 또는 비슷한 서비스를 받은 모든 클라이언트 또는 특정 사회복지사의 서비스를 받은 모든 클라이언트에게 행할 수 있음

③ 개입의 결과에 대한 클라이언트의 주관적 인식을 알 수 있을 뿐, 개입의 효과성을 측정하는 것은 아님

④ 프로그램이나 서비스 등 개입에 적극적으로 참여했거나 좋은 인상을 받은 클라이언트는 높게 점수를 주는 경향이 있고 서비스에 만족하지 못했거나 소극적으로 참여한 클라이언트는 응하지 않았을 가능성이 크기 때문에 만족도 결과가 긍정적인 방향으로 치우칠 가능성이 있다는 점을 유의해야 함

⑤ 만족도 조사를 통해서 서비스에 대한 문제점이나 불충분한 영역을 파악할 수 있음

⑥ 설문은 상대적으로 간단하고 비용이 저렴하나 응답자의 기분이 설문에 영향을 줄 수 있음

(7) 동료검토

① 사회복지사의 사회복지실천활동에 대해 동료사회복지사의 평가하는 것을 말함

② 동료검토를 통한 평가의 목적은 사회복지사 개인의 개입과정에서 나타나는 문제점을 수정하고 개선하며 기관의 정책이나 절차에 대한 수정이 필요하면 요구하려는 것임

③ 동료검토는 개입의 결과보다는 개입의 과정에 초점을 두는 것으로서 사회복지사 자신들이 좋은 실천활동이란 어떤 것인지에 대한 기준과 원칙을 논의하면서 평가에 반영하기도 하고 자신들의 실천 활동의 수준을 발달시킴

동료평가에서 검토되는 내용

• 클라이언트의 문제가 명확히 제시되었는가?

• 클라이언트와 그의 가족은 개입계획에 참여하였는가?

• 개입계획은 기록으로 정리되었는가?

• 개입방법은 클라이언트의 문제에 적합한 것이었나?

• 클라이언트의 접촉빈도와 기간은 클라이언트의 문제와 관련해서 적절했나?

• 지역사회에 존재하는 자원을 적절하고 효과적으로 사용했는가?

• 목표달성을 위한과정들이 진척되었는가?

• 사례에 대한 기록이 명확하고 분명하며 간결한가?

• 필요한 기관양식이 기록되었나?

---

3) 평가기법

(1) 단일사례설계

① 특정 문제나 표적의 변화를 관찰하기 위하여 통제된 환경에서 개입 전과 개입 후의 변화를 시계열적을 반복해서 측정하여 평가하는 것, 즉 개입의 효과성을 평가하는 기법임

② 둘 이상의 실험집단을 사용하는 연구와 달리 한 사람의 개인, 하나의 집단, 하나의 가족, 하나의 기관 등 하나의 클라이언트체계를 집중적으로 평가하는 데 사용됨

③ 변화목적이 측정 가능한 형태로 제시되어야 하고 타당도와 신뢰도가 있는 측정도 구를 선택해야 하며 결과를 그래프로 나타낼 수 있을 때 효과적임

④ 개입 이전의 상태와 개입 이후의 상태를 비교하는 것으로서 기본적 설계로 AB설 계가 있으며 A는 개입 이전, B는 개입 상태를 의미함

⑤ 설계유형으로는 AB설계, ABA설계, ABAB설계, BAB설계, 여러 가지의 개입방법 을 적용했을 때에는 ABCD설계, 그리고 복수 대상자, 복수 문제, 복수 상황에서 활용하는 다중기초설계가 있음

(2) 목표달성척도

① 목표를 설정한 후, 그 목표를 얼마나 달성했는지를 측정하는데 사용되는 평가도 구임

② 표준화된 척도와는 달리 측정을 위한 내용이 미리 정해져 있지 않고 클라이언트 개입 목표에 따라 자유롭게 정할 수 있는 장점이 있는데 이를 개별화의 원리에 부 합됨

③ 목표가 의미하는 바를 명확히 이해할 수 있게 하며, 목표달성정도를 수치로 표시 할 수 있는 장점이 있음

④ 목적성취도는 정신건강센터 프로그램이나 약물남용 프로그램, 대인서비스 세팅들 에서 활용되고 있음

절차

- 클라이언트의 목표를 결정함
- 목표당성정도를 5점 척도화함(−2점, −1점, 0점, 1점, 2점)
- 목표달성척도표를 작성함
- 목표달성척도를 만든 후 평가를 위한 기간을 정하고 사회복지사와 클라이언 트가 함께 목표달성 정도를 평가함

---

(3) 과제성취척도

① 과제중심모델에서 개발된 것으로서 문제를 해결하여 개입의 목표를 달성하기 위

해 과제를 설정하고 이를 수행하게 되는데 사회복지사와 클라이언트가 합의한 과제가 실제로 달성되었는지를 측정하는 기법임

② 기초선을 설정하거나 단일사례설계를 이용하기 어려울 때 유용함

③ 과제성취척도는 보통 4점 척도로 구성되는데 1점(거의 달성되지 않음), 2점(부분적 달성), 3점(상당수 달성), 4점(완벽하게 달성)

④ 과제의 달성정도를 평가하는 것이지 노력 또는 동기를 평가하는 것은 아니라는 것에 주의해야 함

⑤ 사회복지사와 클라이언트가 합의한 과제가 성취된 정도를 확인하여 평가하는 것임

⑥ 과업수행 정도의 평가 외에 기회, 노력, 동기, 의도 면에서 어떠했는지도 평가할 수 있음

⑦ 시간이나 자료가 없거나 부족하여 가능하지 못할 때 사용됨

01) 평가 및 종결 단계에서 사회복지사의 역할에 관한 설명으로 옳지 않은 것은?

(16회 기출)

① 변화전략 설정　　　　② 진전수준 검토

③ 사후관리 계획　　　　④ 정서적 반응 처리

⑤ 결과의 안정화

☞ 해설

변화전략 설정은 개입단계의 과제에 해당된다. 개입단계에서 사회복지사는 클라이
언트가 문제를 해결하려는 노력을 지원하기 위해 다양한 변화전략을 수립한다. 동일
한 목표를 달성하더라도 목표를 달성하는 방법은 여러 가지가 있을 수 있기 때문에
클라이언트의 문제를 해결하고 개입목표를 달성하기 위해 다양한 변화전략을 수립
한다.

정답 ①

**02) 청소년을 위한 10주간의 진로집단 활동 전, 후에 진로효능감 검사를 하여 결과를
비교하였더라면 이 평가방법은?**

(10회 기출)

① 형성평가　　　　　　② 성과평가

③ 과정평가　　　　　　④ 만족도평가

⑤ 실무자평가

☞ 해설

② 성과평가: 목표에 비추어 성취된 결과를 평가하는 것, 프로그램 전후에 진로효능
감을 검사하는 것

① 형성평가: 실천 과정에 초점을 두고 주기적으로 진전 상황을 평가하는 것은 프로
그램으로 인해 진로효능감이 향상되었는지 프로그램의 성과를 측정

③ 과정평가: 사회복지실천 개입이 클라이언트에게 도움이 되었는지, 클라이언트가

원조 과정을 어떻게 인지했는지를 평가하는 것

④ 만족도평가: 프로그램을 이용한 사람을 대상으로 프로그램에 대한 만족도를 평가하는 것

⑤ 실무자평가: 개입 과정 동안 사회복지사의 행동이나 태도 등이 개입에 어떠한 영향을 주었는지 알아보기 위해 클라이언트부터 피드백을 받는 평가

정답 ②

제24장
|
사례관리

1. 사례관리의 개념

1) 사례관리의 개념 ★★★

사례관리란 복합적이고 만성적인 욕구가 있는 클라이언트 및 그 가족을 대상으로 그들의 사회적 기능 강화 및 삶의 질 향상을 위해 협력적인 운영체계를 기반으로 체계적인 욕구사정과 함께 지역사회 지원을 연결하여 지속적이고 효과적으로 사회복지서비스를 제공하는 통합적인 실천방법

(1) 실천 현장에 따른 사례관리의 개념도

① 노인복지 분야

사례관리자와 노인 클라이언트 간의 전문적 관계 속에서 세운 장기적 보호계획에 따라 노인 클라이언트에게 개별화된 조언, 상담, 치료를 실행하고, 동시에 지역사회기관 등의 공식적 체계망 및 가족과 친인척 등의 비공식적인 체계망을 개발하고 연계해서 필요한 서비스와 지지를 노인 클라이언트에게 효과적이고 효율적으로 제공하려는 통합적 실천방법

② 장애인복지 분야

다양하고 복합적인 문제나 장애를 가진 클라이언트에게 적절한 서비스를 받을 수 있도록 보장하는 서비스 공급방식으로서, 클라이언트에게 다양하고 지속적인 보호를 제공할 수 있는 수요자 중심의 접근방법

③ 아동복지 분야

복합적인 욕구를 가진 대상층이 그들의 욕구에 맞는 서비스를 제공받을 수 있도록 직접적인 서비스를 제공함과 동시에 지역사회 자원의 공식적·비공식적 자원을 제공받을 수 있도록 서비스를 연계·조정해 주는 것

> **공공 영역 분야로 정의한 사례관리**
> - 장기적이고 복합적인 문제를 가진 대상을 사례관리자가 지속적인 책임을 지고 다양한 서비스를 제공, 연결 및 모니터링을 하는 활동
> - 욕구조사와 체계적인 서비스 제공계획을 바탕으로 지역사회의 공식적 또는 비공식적 자원을 발굴·조정·연계하거나 직접 제공하고 이를 종합적으로 점검 관리하는 것

2) 사례관리의 특징 ★★★★

① 서비스의 효과성과 효율성을 높이기 위해 포괄적인 서비스를 제공하고 서비스의 조정과 점검(monitoring) 을 실시하고, 비공식·공식 지원체계의 다양한 서비스를 활용하며, 지역사회 자원의 개발·확보·동원·활용에 주안점을 둠

② 사례관리의 특성을 위해 제공되는 서비스에 대한 사정, 점검 및 평가를 위해 경계범주 접근방법(boundary spanning approach) 을 활용하며, 임파워먼트 및 생태체계가족 관점에서 직·간접적 개입방법의 통합 또는 기존의 사회복지실천 방법들을 통합하는 통합적 접근을 시도함

③ 장기간의 서비스로 필요로 하는 다양하고 복합적인 요구를 가진 클라이언트를 대상으로 하여, 문제해결과 치료보다는 욕구충족과 보호에, 시설보호보다는 지역사회보호에 초점을 두는 특성을 지님

※ 이와 같은 특성을 바탕으로 <u>사례관리의 근본적인 목적</u>은 바로 <u>클라이언트의 삶</u>

의 질을 개선하는 것임

④ 즉, 보다 나은 서비스의 조정을 통하여 클라이언트에게 효과적인 서비스를 제공하고 욕구를 충족시키며, 효율적인 자원분배를 통해 필요한 자원을 확보하여 최종이용자의 복지향상을 위해 활용하는 것임

3) 사례관리의 등장배경 ★★★★★

(1) 사례관리(case management) 등장 배경

① 탈시설화의 영향, 서비스 전달의 지방분권화, 복합적인 욕구를 가진 인구의 증가, 기존 사회복지 서비스 단편성의 한계, 사회적 지원체계와 관계망의 중요성에 대한 인식 증가, 비용억제의 필요성 등의 6가지 이유로 그 등장배경을 정리해 볼 수 있음

② 사례관리는 사회복지실천의 탈시설화와 함께 등장

1960년대에 선진국

• 만성질환이 있는 노인이나 신체적, 정신적 질환이 있는 장애인들에 대한 탈시설화 정책을 도입하여 지역에서 이들을 보호하려는 재가복지서비스 혹은 지역 사회보호가 시도됨

• 탈시설화란 시설화의 반대 개념으로, 클라이언트가 그동안 생활해오던 시설에서 벗어나 다시 가정과 지역사회로 돌아가는 것을 의미함

• 사례관리는 시설에서 지역으로 돌아온 클라이언트와 그 가족의 욕구에 대해 지속적이면서도 포괄적으로 서비스를 제공함

※ 탈시설화 움직임이 사례관리가 등장하는 가장 주요한 배경이 된 것임

---

③ 사례관리의 등장배경으로 서비스 전달의 지방분권화

1970년대 이후

• 서구에서 본격화된 지방분권화의 움직임은 사례관리의 필요성을 더 한층 높이는 배경이 됨

- 지방분권화로 인해 사회복지기관 및 프로그램의 운영과 책임이 중앙정부에서 지방정부로 이양되었으나, 지역은 클라이언트에게 제공되는 다양한 서비스를 통합하거나 조정하는 장치를 갖추지 못함
- 클라이언트와 가족의 입장에서 분산되고 단편화된 지역사회 서비스를 이용한다는 것은 어려운 일임
- 지역 기관들의 서비스를 조직화하고 클라이언트의 욕구를 통합적으로 충족시키는 장치를 통해 지방분권화의 부정적인 측면을 최소화하고자 사례관리를 사용하게 됨

④ 복합적인 사회복지 욕구를 지닌 인구의 증가
 - 현대사회에서 정신지체나 정신질환, 신체장애나 심각한 의료적 문제, 심리적, 정서적 문제 등으로 인해 복합적 욕구를 지닌 클라이언트가 증가함에 따라 이들의 지원체계가 없으면 독립적인 생활이 어렵다는 한계를 나타나게 됨
 - 한 기관이나 한 가지의 단일 서비스만으로는 이들의 복합적인 욕구에 효과적으로 대응할 수 없어 지역에서 클라이언트가 필요로 하는 서비스를 조직화하고 통합하여 상호 연계가 이루어지기 위해 사례관리가 등장하게 된 것임
⑤ 전통적인 사회복지 서비스가 지나치게 단편적이라는 한계
 - 클라이언트의 다양하고 복합적인 욕구가 통합되기 위해서는 아동, 노인 정신보건, 직업재활, 공적 서비스, 사적 서비스 등과 같이 범주화되어 있는 서비스의 영역을 뛰어 넘어야 가능함
 - 초창기에는 이러한 영역을 뛰어 넘어 서비스를 통합적으로 제공할 기반이 부족함
 - 사회적 분위기가 클라이언트의 욕구 충족을 우선시하는 흐름이 강조되면서 기존 서비스의 단편성을 극복할 수 있는 장치로서 사례관리가 필요하게 되었고, 사회적 지원체계와 관계망의 중요성에 대한 인식도 함께 증진됨
⑥ 사회적 지원체계와 관계망의 중요성에 대한 인식이 확대
 - 서구에서는 1970년대 이후 석유가격의 폭등으로 인해 지속적인 경제성장의 기반이 무너지고 복지국가 위기론이 등장함

신 자유주의

• 기존의 방식과는 다른 정치, 경제적 대응과 함께 복지 분야에서는 공적 서비스를 비공식 서비스로 대체하려는 움직임이 나타났음

• 복지는 사회전체의 노력으로 달성해야 한다는 입장과 비공식 지원체계 및 관계망에 대한 인식이 새롭게 대두됨

• 지역에 있는 가족, 친구, 친척, 이웃 등은 클라이언트의 삶의 질을 높이기 위한 의미 있는 지원체계이자 관계망이라는 인식이 확산됨

• 사례관리는 공식적 지원체계 외에도 다양한 사회적 지원체계와 관계망을 조정하고 통합하는 실천방법으로 주목

⑦ 비용 억제의 필요성 대두

- 그 동안 복지서비스는 어느 시대를 막론하고 자원의 부족과 그로 인한 서비스의 효과성에 대한 문제제기가 항상 중요한 쟁점이었음

- 이와 같은 배경에 따라 사례관리는 사회복지실천에서 중요한 요소로 강조되어 왔음

- 클라이언트가 바라는 보호(care) 혹은 서비스(service)의 내용과 수준이 크게 향상

- 클라이언트 욕구에 효과적이고 효율적으로 대응하고 보호에 따른 막대한 사회적 비용을 통제하기 위해 새로운 서비스전달 방식의 필요성이 대두됨에 따라 그 중요성이 더욱 부각

- 사회복지전문직에서도 사례관리 방법을 통해 사회복지전문직의 위상을 제고하고자 하는 노력이 제기되면서 사례관리는 사회복지실천의 필수 요소로 자리 잡음

- 사례관리는 사회복지실천 분야에서 가장 많이 활용되고 있는 대인서비스 전달 방식

사회복지 서비스에서 비용억제가 필요한 두 가지 의미

• 부족한 자원 안에서 서비스의 효과를 극대화하는 것

• 서비스의 전달에 소요되는 비용을 줄이려는 것

4) 사례관리의 목적

① 어떤 일정한 장소나 기간 내에서 계속적으로 서비스를 받을 수 있도록 보호의 연속성을 보장

② 특정기간 혹은 개인의 일생을 통하여 개인의 욕구가 변화할 때, 개인의 욕구의 모든 영역에 서비스가 제공되도록 보장하는 것이다.

③ 욕구에 적합한 서비스를 제공하고, 적당한 시기에 적절한 방식으로 제공될 수 있도록 하며, 서비스가 중복되지 않도록 관리

④ 서비스와 자원들을 활용하여 가능한 클라이언트 자신의 생활기술을 증진

⑤ 클라이언트의 가족과 일차집단의 보호능력을 확대

⑥ 일차적 보호자원들과 보호의 공적 체계들을 통합

⑦ 개인들과 일차집단의 욕구를 충족시키기 위한 공적 보호체계 내에서의 능력을 극대화

2. 사례관리의 기능

① 사정
② 계획
③ 개입
④ 점검
⑤ 중제 및 옹호
⑥ 심리치료
⑦ 연결하기
⑧ 평가

3. 사례관리의 개입 원칙

① 서비스 개별화
② 서비스 제공의 포괄성
③ 클라이언트의 자율성 극대화
④ 서비스 지속성 연속성
⑤ 서비스 연계성
⑥ 서비스 접근성
⑦ 서비스 체제성

4. 사례관리 과정

1) 접수
사례발견과 사전 적격심사 실시(아웃리치를 통한 적극적 접근과정 포함)

2) 사정
욕구 및 문제 사정, 자원사정, 장애물 사정

3) 계획
목표설정 및 보호계획 수립
① 1단계 : 상호목적수립하기
② 2단계 : 우선수위 정하기
③ 3단계 : 전략 수립하기
④ 4단계 : 전략 선택하기
⑤ 5단계 : 전략 실행하기

4) 개입
① 직접적 개입: 이행자, 교육자, 안내자, 협조자, 진행자, 정보전문가, 지원자

② 간접 개입: 중개자, 연결자, 조정자, 옹호자, 사회적 망 수립자, 협상제공자

5) 점검 및 재사정
보호를 점검(모니터링)하고 재사정

6) 평가 및 종결

5. 사례관리자 역할

1) 사례관리자 역할
① 기본적 역할
② 개별 서비스 및 치료계획 개발
③ 적절한 서비스 적시 제공
④ 옹호 활동
⑤ 관계기관 협력
⑥ 상담
⑦ 치료

2) 역할별 활동내역
① 사정자
② 계획자
③ 상담자
④ 중개자
⑤ 조정자
⑥ 평가자
⑦ 옹호자

01) 사례관리의 원칙과 활동의 연결로 옳지 않은 것은?   (16회 기출)

① 통합성: 서비스 조정을 위해 사례회의를 개최한다.

② 접근성: 사각지대 발굴을 위해 아웃리치를 한다.

③ 포괄성: 기관 네트워크를 통해 서비스 의뢰를 한다.

④ 체계성: 중도 탈락한 클라이언트를 찾아 서비스를 재개한다.

⑤ 지속성: 종단적 차원에서 개인의 욕구에 반응하여 서비스를 제공한다.

☞ 해설

사례관리 원칙 중 체계성은 유사한 서비스 간 중복을 줄이고 서비스 비용을 효율적으로 관리하기 위해 서비스와 자원들을 조정하는 것이다. 사례관리의 체계성을 위해 사례관리자는 서비스를 제공하는 공식적 지원체계 간 조정뿐만 아니라 가족이나 친구, 혹은 친지 같은 비공식적 지원체계를 통합하고 기능적으로 연결하여 다양하고 체계적인 지지망을 구축한다.   정답 ④

02) 사례관리에 관한 설명으로 옳지 않은 것은?   (17회 기출)

① 통합적 방법을 활용한다.

② 직접 서비스와 간접 서비스를 결합한 것이다.

③ 포괄적이고 지속적인 서비스를 제공하는 것이다.

④ 전통적인 사회복지방법론과 전혀 다른 실천방법이다.

⑤ 기관의 범위를 넘은 지역사회 차원의 서비스 제공과 점검을 강조한다.

☞ 해설

사례관리가 다양한 요인에 의해 등장했고, 사회복지실천의 새로운 접근이기는 하지만, 지역사회조직과 개별사회 복지실천에 기반을 두기 때문에 전통적인 사회복지실천방법론과 전혀 다른 실천 방법은 아니다.

정답 ④

참고문헌

- 강선경 외. 『사회복지실천론』. 서울: 동문사, 2010.
- 권구영 외. 『사회복지실천론』. 서울: 창지사, 2008.
- 김기덕. 『사회복지윤리학』. 서울: 나눔의 집, 2002.
- 김기태 외. 『사회복지실천론』. 서울: 공동체, 2009.
- 김덕일. 『사회복지실천론』. 서울: 학현사, 2006.
- 김만두 역. 『케이스 워크 관계론』. 서울: 홍익재, 1992.
- 김만호. 『지역사회복지론』. 서울: 양서원, 2009.
- 김범수 외. 『지역사회복지론』. 서울: 학현사, 2010.
- 김유숙. 『가족치료: 이론과 실제』. 서울: 학지사, 1998.
- 김혜영 외. 『사회복지실천론』. 서울: 공동체, 2009.
- 노혁. 『사회복지실천론』. 서울: 학지사, 2013.
- 문인숙 외 역. 『임상사회복지학』. 서울: 집문당, 1985.
- 박귀영 외. 『사회복지실천론』. 서울: 양서원, 2010.
- 박보식. 『사회복지실천론』. 서울: 창지사, 2013.
- 박종삼 외. 『사회복지실천론』. 서울: 대왕사, 2006.
- 보건복지부. 『보건복지백서』. 서울: 보건복지부, 2003.
- 설진화. 『사회복지실천론』. 서울: 양서원, 2008.
- 송성자. 『한국문화와 가족치료: 해결중심 가족치료 적용』. 서울: 한국사회복지학, 1997.
- 송정아. 최규련. 『가족치료의 이론과 기법』. 서울: 하우, 1997.
- 신정자 외. 『사회복지실천기술론』. 서울: 양성원, 2007.
- 양정남 외. 『사회복지실천론』. 서울: 양성원, 2007.
- 오혜경. 『사회복지 윤리와 철학』. 서울: 창지사, 2005.
- 윤현숙 외. 『사회복지실천기술론』. 서울: 동인, 2001.
- 이원숙 외. 『사회복지실천론』. 서울: 학지사, 2008.
- 이윤로. 『최신 사회복지실천』. 서울: 학지사, 2006.
- 이종복 외. 『사례관리의 이론과 실천』. 서울: 창지사, 2007.
- 이준우 외. 『사회복지실천론』. 서울: 인간과복지, 2006.
- 이필환 외 역. 『사회복지실천이론의 토대』. 서울: 나눔의 집, 2000.
- 정문자 외. 『가족치료의 이해』. 서울: 학지사, 2007.
- 조흥식 외. 『사회복지실천분야론』. 서울: 학지사, 2001.
- 최옥채. 『사회복지실천론』. 서울: 양서원, 2006.
- 한국임상사회학회 편. 『사회복지사 1급(사회복지실천기술론)』. 서울: 와이트프로, 2008.
- 황철수. 『사회복지실천론』. 서울: 양서원, 2007.